Schöpfen und Erschöpfen

Fröhliche Wissenschaft 198

Maja Göpel, Eva von Redecker

Schöpfen und Erschöpfen

Herausgegeben von Maximilian Haas und Margarita Tsomou

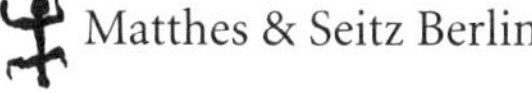
Matthes & Seitz Berlin

Ein Gespräch zwischen

Maja Göpel (MG)
Eva von Redecker (ER)
Maximilian Haas (MH)
Margarita Tsomou (MT)

Die ökologischen Krisen, die sich derzeit ausbreiten – Erderhitzung und Artensterben, steigende Meeresspiegel und Extremwetterereignisse, Verarmung und Verschmutzung, Versäuerung und Vergiftung von Böden, Luft und Wasser etc. –, sind beispiellos in ihrer Geschwindigkeit und ihrem Ausmaß. Und gleichzeitig so real wie unbegreiflich. Obwohl sie alle mit der Erderhitzung zusammenhängen, lassen sie sich nicht auf diese reduzieren. Es ist komplex.

Und dieser Komplex ist wissenschaftlich hinreichend erklärbar, seine zukünftige Entwicklung relativ genau zu prognostizieren, was jedoch das Verstehen angeht, sind wir immer noch ganz am Anfang: Was bedeutet die eskalierende Umwelt- und Klimazerstörung für die Existenz- und Subjektivierungsweisen der Menschen, für die Produktion und Reproduktion von Werten und Beziehungen, für das Schöpfen und Erschöpfen in mehr-als-menschlichen Lebensnetzen?

Weniger denn je ist die Ökologiefrage von Fragen der Ökonomie, der Technologie und des Sozialen zu trennen. Wir können die Klimakatastrophe nicht verstehen, geschweige denn in ihr navigieren, ohne ihren ursächlichen Zusammenhang mit diversen Formen der sozialen Unterdrückung und Ausbeutung zu reflektieren, wie sie in der westlichen Moderne mit Kolonialismus, Kapitalismus und Patriarchat verbunden sind. Darüber müssen wir ins Gespräch kommen.

Maximilian Haas und Margarita Tsomou,
Kurator*innen der Reihe *Burning Futures: On Ecologies of Existence*,
am Berliner Theater HAU Hebbel am Ufer

Schöpfen und Erschöpfen

MH: Vorweg muss eines gesagt werden: Dass eine queer-feministische linke Philosophin und eine in der Realpolitik agierende Transformationsforscherin gemeinsam über Ökologie und Ökonomie ins Denken kommen, ist nicht selbstverständlich.

MT: Aber wir dachten, es ist ein Skandal, dass ihr beide noch nie in der Öffentlichkeit miteinander gesprochen habt.

MH: Wo sich eure Positionen doch in interessanter Weise ähneln …

MT: … aber doch auch an entscheidender Stelle unterscheiden. Das ruft nach einem Gespräch!

MH: Eine wichtige Rolle spielen in euren Büchern die jüngsten öko-aktivistischen Bewegungen, auf die ihr verschiedentlich Bezug nehmt. Maja, du machst das in deinem Buch *Unsere Welt neu denken*, aber auch, indem du zum Beispiel 2019, sehr früh nach dem Beginn von *Fridays for Future*, als Unterstützung die *Scientists for Future* mitgegründet und der Bewegung zur Seite gestellt hast. Und Eva, du hast in deinem Buch *Revolution für das Leben* eine philosophische Auswertung dieser neuen Protestbewegungen vorgenommen. Das heißt, es werden darin philosophische Ansätze zur Kritik und Neuerfindung von Eigentum und Wirtschaft aus den Bewegungen abgeleitet und erst im zweiten Schritt mit philosophischen Referenzen und Begriffen belegt.

MT: Warum wir euch so gern ins Gespräch bringen wollten, ist, weil in beiden Büchern Ökonomiekritik zentral ist. Und zwar eine Ökonomiekritik, die wirtschaftliches Wachstum und auch den Glauben an linearen Fortschritt als eine Dynamik kritisiert, die auf Erschöpfung hinausläuft: Erschöpfung von Menschen, *more-than-humans* und natürlich der Erde, der Natur, des Klimas und so weiter. Dagegen setzt ihr beide dezidiert die zyklischen Kreisläufe der Natur. Eva, du sprichst von Gezeiten, und Maja spricht von Zeit als einem zyklischen Paradigma, dem sich auch unser ökonomisches Denken anpassen könnte, ja sogar muss, um Regeneration zu ermöglichen. Und zwar ein Regenerieren, das eben nicht nur mit technologischen Lösungen zu tun hat, sondern mit Gesten der Sorge, mit der Arbeit des Pflegens, des Rettens und des Teilens.

MH: Wir wollen vorschlagen, daher auch bei der Ökonomie zu beginnen. Nicht nur weil die Ökonomie für euch beide so eine wichtige Referenz bildet, sondern auch, weil unsere ökopolitische Lage ohne sie nicht zu verstehen ist. Ökonomie und Ökologie sind heute weniger denn je zu trennen.

Eva, du führst in deinem Buch den Begriff »Phantombesitz« ein, vielleicht kannst du zum Einstieg beschreiben, wie Phantombesitz und Eigentumsform zueinander stehen, aber auch, wie sie den wirtschaftlichen Zugang zu Ressourcen strukturieren und welche Rolle sie also für die Ökologie spielen?

ER: Das eine ist sozusagen der Schatten des anderen, also der Phantombesitz der Schatten des Eigentums. Aber von vorn: Die Eigentumsform ist die Gestalt, die Eigentum jeweils historisch annimmt – was es also konkret bedeutet, dass einem etwas gehört. In der westlichen Moderne hat Eigentum die Gestalt der absoluten Sachherrschaft, das heißt, es verspricht volle Verfügung über eingegrenzte »Sachen«. Phantombesitz besteht nun wiederum im Anspruch auf ein solches Verfügen. Es beschreibt eine Weise, die Welt so zu sehen, als sei sie aus lauter separaten Sachen gemacht, verfügbaren Sachen, genauer: mir verfügbaren Sachen. Ich benutze die Kategorie des Phantombesitzes, um gleich zu zeigen, dass die

Ökonomie symbolische Gehalte hat und Wertschöpfung ohne ideologische Anteile gar nicht zu denken ist. Dazu bin ich auf zwei Wegen gekommen.

Das eine ist eine Beobachtung über gegenwärtige reaktionäre oder protofaschistische Bewegungen, die ganz oft lautstark den Anspruch auf etwas erheben, das ihnen angeblich gehört und das ihnen nun entwendet wurde. Oft genug handelt es sich dabei um etwas, von dem man denkt, das kann eigentlich gar kein Eigentum sein, weil es sowieso niemandem zusteht, also ein Phantom: ein geschichtlich verankerter Herrschaftsimpuls, eine Leerstelle, an der mit aller Gewalt Eigentum reklamiert werden soll. Diesen politischen Impuls wollte ich besser verstehen.

Der andere Weg zur Eigentumsform ergab sich für mich aus der Suche nach dem Scharnier oder dem gemeinsamen Nenner von intersektionalen Herrschaftsverhältnissen, von Kolonialität und politischer Ökonomie. Die Kritische Theorie denkt ja eigentlich immer von der Warenform her. Das Klassenverhältnis, aber auch die Naturbeherrschung ergeben sich aus der Warenwelt. Und in der *Dialektik der Aufklärung* wird sogar Antisemitismus auf raffinierte Weise aus einer Gesellschaft abgeleitet, die alles in vergleichbare und austauschbare Werte verwandelt. Diese Perspektive hat jedoch ziemliche Probleme, Rassismus und Sexismus theoretisch reichhaltig zu analysieren. Das hat mich beschäftigt!

Nach und nach hat sich dann bei mir die Idee verfestigt, dass das Eigentum ein ideologisches Eigenleben führt. Das meiste Eigentum geht zwar seit 300 Jahren immer in die Warenform über – was Eigentum wird, kann dann auch kommodifiziert werden –, mit dem Eigentum existieren aber auch andere Logiken, unabhängig von der Frage danach, wie viel Profit sich daraus schlagen lässt. Zum Beispiel Logiken der Souveränität, die nach Vorbild der Eigentumsbeziehung funktionieren, oder Vorstellungen von Freiheit als vollkommener Verfügung über etwas.

MH: Kannst du dafür ein Beispiel geben?

ER: Güter wie Land mussten geschichtlich überhaupt erst mal Eigentum werden, bevor sie als Ware gehandelt werden konnten. Denn Land ist nicht von Natur aus besitzbar. Man muss also selbst bei Sachen, die tatsächlich gegenständlich sind, ganz viel machen, damit sie Eigentum werden und beherrschbar sind. Für das konkrete Beispiel Land bedeutet das: Man muss Zäune bauen, es vermessen, ein Grundbuch einführen, um es dort einzutragen, und so weiter.

Parallel dazu sind aber auch soziale Beziehungen eigentumsförmig verdinglicht worden. Es gab also immer eine Art von Kompensationseigentum – ich nenne das fiktives Eigentum, in Anlehnung an Karl Polanyis Kategorie der fiktiven Waren –, mit dem manche entschädigt wurden, die tatsächlich gar nichts besessen haben und also gegen diese neue Eigentumsordnung hätten rebellieren müssen, in der sie leer ausgegangen sind. Zum Beispiel, weil sie als frühmoderne Bauern gerade von ihrem Land gejagt wurden oder als befreite Leibeigene durch Entschädigungszahlungen an die vorigen Gutsherren gleich wieder verschuldet waren. Im Herrschaftsgefüge der Sachherrschaft wurden sie jedoch mit anderen Ansprüchen ausgestattet: zum Beispiel der patriarchalen Verfügung über Reproduktionsarbeit oder der weißen Vorherrschaft als Wissen darüber, dass man immerhin im Besitz seiner Arbeitskraft bleibt – im Gegenteil zu versklavten Menschen –, selbst wenn man diese sofort und ständig wieder verkaufen muss, um überleben zu können. Durch solche Mechanismen wurde die Durchsetzung des Eigentums gesichert.

Diese Verhältnisse der Sachherrschaft, in denen also fiktives Eigentum entsteht, damit jemand darüber herrschen kann, haben wir heute zum Teil emanzipativ überwunden. Und trotzdem führen sie ein Nachleben, weil unsere Gesellschaft subjektiviert, gewachsen und geformt ist durch diese Verhältnisse. Das Eigentum ist in den modernen Seelen verankert. Und so wie Phantomschmerz da wehtut, wo eigentlich keine Gliedmaße ist, ist Phantombesitz ein Verfügungsanspruch auf etwas, worauf eigentlich kein Anrecht und woran kein Eigentum besteht.

MT: Maja, auch du sprichst an zwei Stellen in deinem Buch von Phantomwelt, vor allem aus der Erfahrung, die du mit der Disziplin der Volkswirtschaftslehre, also der politischen Ökonomie gemacht hast. Du sagst: »Diese Modelle beschreiben eine Welt, die nicht real ist«, und nennst das eine Scheinrealität des Monetären, in der wir uns eingerichtet haben. Dass also biologische oder geologische Fakten in Bezug zum Klima beispielsweise klar sind und auf dem Tisch liegen, wir aber trotzdem lieber in einer Scheinrealität verharren, in der das Monetäre wichtiger ist als diese Fakten. Wie stehst du zu dem, was Eva gerade über den Phantombesitz gesagt hat, und lässt sich das ins Verhältnis setzen zu deinem Verständnis der monetären Scheinrealität?

MG: Mir scheint es tatsächlich hilfreich, sich mit der Ökonomie aus einer sozialwissenschaftlichen Perspektive zu beschäftigen. Denn verrückterweise berücksichtigt vieles von dem, was sich im Moment Ökonomisch-Denken-und-Ausgebildet-werden nennt, gar nicht die Ideengeschichte der eigenen Disziplin. Also finden solche kritischen Suchprozesse, wie Eva sie gerade beschrieben hat, gar nicht statt. Das war für mich ein großes Aha-Erlebnis, als ich nach ein paar eher verwirrenden Vorlesungserlebnissen zur Makroökonomie in meiner Promotion zu politischer Ökonomie in die Ideengeschichte eingestiegen bin. Denn da wurde klar – was Eva eben auch erwähnte –, dass es natürlich immer unterschiedliche Möglichkeiten gibt, die Komplexität der Welt zu reduzieren um das, was wir in der Welt an Überschuss an Sein haben und momentan nicht verarbeiten können. Wir versuchen diese Auswahl in Worte zu packen, in Modellhaftigkeiten, in Kennzahlen wie zum Beispiel monetäre Größen, um uns zu orientieren, mit anderen in Beziehung zu treten und uns darüber auszutauschen, warum wir Dinge tun. Genau dafür haben wir uns Geld auch ausgedacht: Damit wir sagen können, etwas ist so und so viel wert und ich habe ein Äquivalent dazu, das genauso viel wert ist. Geld ist eine Sozialtechnologie.

MT: Ist Geld also quasi eine Art sozial konstituierter Fiktion oder Narration?

MG: Gerade weil ich nicht aus der Ökonomie selbst gestartet bin, sondern aus der Medienwissenschaft kam, aus der Kommunikationswissenschaft, der Psychologie und der Soziologie, fand ich es so spannend, mit welchen Geschichten ich in den volkswirtschaftlichen Seminaren konfrontiert war: nämlich mit Modellen, die Annahmen getroffen haben, die ich so in der Realität gar nicht vorgefunden habe. Mit diesen Modellen sollte ich Prognosen über die Entwicklung der Gesellschaft machen und allem Kosten ebenso wie Nutzen zuweisen – obwohl ich wusste, dass alle Menschen, die ich kenne, niemals unterschreiben würden, dass die Geschichte, die dieses Modell erzählt, für sie eine Abbildung dessen ist, was sie erleben.

Da wir es in den Sozialwissenschaften nun aber gewohnt sind, in Vorlesungen auch Nachfragen zu stellen, habe ich das einem Professor also auch mal so gesagt. Nur bekam ich dann keine Antwort, die mir die Sinnhaftigkeit dieses Vorgehens entschlüsseln würde, sondern eine Replik, die ich nie vergessen werde: »Ach, da spricht ja ein warmes Herz.« Auch als ich dann noch einmal nachgehakt habe, blieb jegliche inhaltliche Resonanz aus. Es gab nur diesen Versuch einer persönlichen Abwertung. Das fand ich dann sogar noch viel interessanter, weil ich dachte: »Hier bist du an einem wichtigen Punkt, um zu verstehen, wie es in einer demokratischen Gesellschaft möglich ist, Widersprüche und Proteste gering zu halten, obwohl diese Gesellschaft sehr ungleiche Ergebnisse hervorbringt.«

MH: Das ist in der Tat spannend, kannst du das genauer ausführen?

MG: Antonio Gramsci ging der Frage nach, wie Führung mit geringstem Widerstand gelingen kann. Und der Schlüssel lag für ihn im kulturellen »Kitt« der Gesellschaft, also einer hegemonialen Erzählung, die die Interessen der dominanten Klassen als übereinstimmend mit denen der subalternen Klassen erscheinen lässt oder zumindest dadurch überzeugt, dass der momentane Zustand auch die aktuell bestmögliche Entwicklung darstellt. Diese Erzählungen werden auch über den Wissenskanon verfestigt und verbreitet, sodass eine gewisse Form der Selbststeuerung erfolgt, wie Foucault das später nannte. Nicht immer und natürlich nicht von allen Akteur*innen erfolgt das als durchdachte Strategie. Gramsci unterschied zum Beispiel organische Intellektuelle, die Interessen durch gezieltes Erarbeiten von Evidenz und Narrativen stützen, und traditionelle Intellektuelle, deren Orientierung wissenschaftliche Standards sind. Wenn solche Erzählungen tief in die Logiken und Strukturen der Institutionen einer Gesellschaft eingebaut worden sind, dann sind sie Teil der »Realität« geworden, innerhalb der sich Menschen über Alternativen für und Wege in die Zukunft austauschen. Wie die Welt von heute ist, ist also in großen Teilen das Ergebnis der Vorstellungen und Narrative von gestern.

Und ein solches Narrativ ist die Geschichte vom Wachstum. Sie ist die wohl machtvollste Erzählung der letzten 250 Jahre, die steigenden Wohlstand für alle Personen der Gesellschaft verspricht, die sich ausreichend anstrengen. Damit sind zwei typische Ursachen für soziale Widerstände mit einer Klappe geschlagen: Die ungerechte Verteilung wird als vorübergehend erzählt, und wenn sie sich nicht ausgleicht, dann haben sich diejenigen, bei denen das nicht geklappt hat, einfach nicht genug angestrengt. Die Frage, ob denn nicht tatsächlich einige schon zu viel haben und ob insgesamt überhaupt genug da ist, dass alle irgendwann auch nur in die Nähe dieser Besitzstände kommen könnten, wird in dieser Erzählung gar nicht gestellt. Selbst in den globalen Nachhaltigkeitszielen von 2015 heißt es noch, dass die Reduktion von Ungleichheit in und zwischen Ländern dadurch erwirkt werden soll, dass die unteren 40 Prozent einer Gesellschaft einfach schneller wachsen sollen als der Rest. Dass irgendwer aufhört zu wachsen, kommt in dieser Geschichte gar nicht vor.

Und genauso wenig kommen dann die empfundene Lebensqualität, die Würde, die gesellschaftlichen Teilhabemöglichkeiten oder Mitspracherechte in den Indikatoren vor, die den

Erfolg dieser Strategie in durchschnittlichen Einkommen messen. Und dass das oberste eine Prozent – schlimmer noch: 0,1 Prozent – so unglaublich viel schneller als alle anderen wächst, dass wir von Plutokratie sprechen sollten, fällt in der Geschichte auch nicht weiter auf. Genauso wenig wie in den auf ihr basierenden pauschalen Konjunkturmodellen, mit denen uns der wirtschaftliche Erfolg der Nation verkündet und mit dem anderer Länder verglichen wird.

Diese Erzählung, die qualitative Hintergründe weitgehend ausblendet und die Wertentscheidung im Hintergrund auch nicht transparent macht, kann sich so weiterhin als positives Fortschrittsnarrativ darstellen: Die ökonomische Entwicklung ist positiv, solange der Tacho immer mehr Geld anzeigt. Aber ob noch Sprit im Tank ist – um im Bild zu bleiben –, ob also die Natur überhaupt noch bereit ist, uns mehr zu geben, oder wo wir überhaupt hinsteuern, ob es den Menschen dadurch besser geht oder nicht, das haben wir völlig aus dem Blick verloren. Solange wir immer weiter aufs Gas drücken und die Tachonadel immer höher geht, bedeutet das Fortschritt. Das ist natürlich verrückt. Und das funktioniert auch nur, wenn man abstrakte Zahlen verwendet und dadurch sehr viel von dem ausblendet, was eigentlich passiert.

MH: Im Grunde sagst du ja, dass Geld gar kein Wert ist, sondern eine Geschichte über Wert. Da würde ich gern dranbleiben, weil der Wertbegriff ein zentraler Begriff der Ökonomie ist, der im Kapitalismus sehr stark an die Verwertung und auch an die Warenform gekoppelt ist – so stark vielleicht, dass wir bei Wert überhaupt zuallererst an Geldwert denken. Und es ist diesem kapitalistischen System natürlich auch zu eigen, dass jegliche Werte durch Geld, also durch ein rein monetäres Äquivalent, vereinheitlicht und vergleichbar gemacht werden.

In deinem Buch unterscheidest du, Maja, zwischen Wert, Preis und produktivem Nutzen als grundlegenden Kategorien für eine ökologische Volkswirtschaftslehre. Du nimmst aber auch Bezug auf die Wertschöpfung der Natur, die für gewöhnlich nicht bilanziert wird: Werte also, die in die Wertschöpfung eingehen, aber eben nicht als solche ausgewiesen werden. Ich musste dabei an den französischen Philosophen und Psychoanalytiker Félix Guattari denken, der die Ansicht vertritt, dass die Unterordnung jeglichen Wertes unter Geld oder Profit nicht nur nach einer grundlegenden Neubewertung etablierter Werte verlangt, sondern nach der Kultivierung ganz neuer Formen und Systeme von Werten, der Valorisierung, des Bewertens, vielleicht auch der Wertschätzung.

Meine Frage wäre also, welche Werte in eurer theoretischen Arbeit wichtig sind, wie diese Werte zueinander stehen und welche anderen Werte kultiviert werden könnten oder sollten, um dem Geld etwas entgegenzusetzen?

ER: Ich würde gern noch mal einen Schritt zurückgehen, zu dieser Sache des Geschichtenerzählens. Weil ich einerseits eine große Leidenschaft für das Erzählen habe und andererseits denke, dass die Werte, die in der Welt sind, nicht automatisch schon irreal sind, nur weil sie losgekoppelt sind vom Nutzen, der ja selbst immer deutungsabhängig und auch umstritten ist. Es ist also nicht bloß eine Geschichte, die wir erzählen, sondern ein Bewegungsgesetz der profitorientierten kapitalistischen Wirtschaft, dass in ihr nicht nur Werte als Preise entstehen – denn die würden ja in jedem Tauschverhältnis entstehen, wo es ein Äquivalent gibt, in dem sich der Wert ausdrückt. Sondern dass ständig Mehrwert produziert wird und dass nur durch das Produzieren von Mehrwert die Maschine weiterlaufen kann, weil wieder investiert werden kann.

In meinem Buch gibt es den Versuch, eine unorthodoxe Geschichte darüber zu erzählen, wo der Warenwert herkommt – unorthodox gemessen an dem klassisch Marx'schen Verständnis, das in der linken Philosophie noch stellenweise diskutiert wird, unter Ökonom*innen jedoch weniger –, nämlich die Arbeitswerttheorie. Sie beruht auf der Idee, dass der Mehrwert – also das, was es der Kapitalist*in letztlich erlaubt, Gewinn zu machen – aus der menschlichen Arbeit kommt, aus der Ware Arbeitskraft. Die Ware Arbeitskraft ist dieses *magic thing*, das mehr Wert hervorbringt, als es gekostet hat. Wer sie einkauft, kann danach also seine Produkte mit Profit weiterverkaufen.

Hier kommen die marxistischen Feministinnen ins Spiel, die sagen: Stimmt, aber nur weil da unbezahlte Reproduktionsarbeit eingeschlossen ist. Nur weil weibliche Sorgearbeit abgewertet und umsonst geleistet wird, kann die Kapitalist*in die Zeit der Arbeiter*innen so günstig erstehen.

Und ich greife das auf und sage, dass selbst das noch nicht die ganze Geschichte ist, sondern dass die kapitalistische Inwertsetzung konstitutiv darauf angewiesen ist, dass auch immer etwas als Abfall ausgesondert und verworfen wird. Etwas muss wertlos gemacht werden, damit etwas anderes an Wert gewinnt. Die Arbeit vollzieht diese Scheidung, deshalb sieht es so aus, als käme der Wert direkt aus ihr. Aber eigentlich entsteht der Wert der Ware aus dieser Abspaltung, die der Markt auch »allein«, also durch bloße Spekulation, vornehmen kann. Und beim Thema der Abspaltung kommen wir ganz nah an den Kern dessen, was anders laufen müsste, wenn Wert nicht mehr kapitalistisch bestimmt werden sollte. In Majas Buch kommt ja auch häufig die Kreislaufwirtschaft vor. Das ist ein echtes Gegenmodell zur Abspaltung, weil kein natürlicher Metabolismus wertlosen Auswurf produziert. Intakte Ökosysteme kennen keinen Abschaum und nichts, was überflüssig wäre. Nun, wo der Dreck in der Welt ist, fügt sich der jedoch nicht reibungslos in produktive Kreisläufe ein. Ein neuer Wert – jetzt im Sinne dessen, wonach Maximilian eben gefragt hatte, meine Werte – wäre für mich »Weltwiederannahme«: also überhaupt erst mal wieder das Abgespaltene in den Blick zu bekommen und sich zu fragen, was wir damit machen.

Wir haben uns in der Kapitalismustheorie auch in der Linken immer so auf den Reichtum fokussiert, der entsteht und der umzuverteilen wäre. Aber dieser Reichtum – und das hat Marx noch gar nicht so ganz klar sehen können – verdankt sich dem Ausstoß von Dingen, die behandelt wurden, als seien sie nichtig. Als würde man sich zum Beispiel nie mehr um Emissionen und Treibhausgase kümmern müssen. Und aus Sicht des Kapitals ist das auch erst mal richtig, solange ihm das nicht in Rechnung gestellt wird.

Aber aus Sicht der Lebensgrundlagen oder der vegetativen biologischen Kreisläufe stimmt das eben so ganz und gar nicht. Das Zeug ist da und es zeitigt weiterhin Effekte. Ein Grund, weswegen ich denke, wir können den Kapitalismus nicht nur eindämmen, sondern wir müssen wirklich die Zielsetzung der Produktion ändern, ist also meine Überzeugung, dass überhaupt kein Mehrwert oder Profit entstehen kann, wenn man ernsthaft aufhörte, Müll abzuspalten. Wenn man wirklich keinen Auswurf mehr produzieren darf, dann bricht gewissermaßen das ganze System zusammen.

MG: Ich nehme den Ball mal an zwei Punkten auf. Zum einen finde ich die Geschichten, die uns helfen, diese Abspaltung überhaupt zu vollziehen, von der du gerade gesprochen hast, betrachtenswert, genauso wie die Begriffe, die wir in unserer Alltagssprache dafür verwenden, »wegschmeißen« zum Beispiel: Die Sachen sind ja nicht weg, also wo sind sie dann? Im Zweifel im Ozean oder im Nachbargarten, aber wie von Zauberhand verschwunden sind sie nicht. Oder auch der Begriff der »Externalisierung« – der innerhalb des ökonomischen Denkens ja der Versuch war, sogenannte Externalitäten zu bepreisen, bloß sind diese Externalitäten gar nicht extern: Ich habe einfach nur meine Systemgrenzen verkleinert, indem ich Kosten in die Zukunft schiebe oder auf meine Ländergrenzen reduziere. Dann tauchen all die Kosten nicht mehr bei mir in der Bilanz auf, also habe ich sie externalisiert. Aber sie sind, global und qualitativ betrachtet, nicht zum Pluto geflogen, sondern immer noch da. Es sind diese Begriffe, die sehr deutlich zeigen, dass wir mit vielen Auswahlprozessen der Realitätsbeschreibung immer auch einen Überschuss an Sein verlieren. Und damit mehr oder weniger bewusst Anteile der weltlichen Zusammenhänge ausblenden.

Das Gleiche gilt für die Entkopplungsdebatte, die in meinen Augen ein falsches Bild transportiert: Wir entkoppeln das Wirtschaftswachstum vom Umweltverbrauch – da wird eine mechanistische Lesart angelegt, die wir in einem komplexen Netzwerk des Lebens so nie vollziehen könnten. Das Wachstum ist ja keine Lok, die wir vom Kohlewaggon abspalten, sobald wir Sonnenkollektoren auf ihr installiert haben. Wirtschaft ist ein Beziehungsgeflecht produktiver Tätigkeiten, in dem Bedürfnisse befriedigt und Verhältnisse aufgebaut werden. Wenn Wirtschaften also diesem Sinn und Zweck folgen soll, wie soll es dann entkoppelt sein von dem, was wir Umwelt nennen? Die Luft, die wir atmen, das Wasser, das wir trinken, die Nahrung, die wir zu uns nehmen, die Gebäude, in denen wir wohnen, die Geräte, die wir nutzen, die Orte, die wir besuchen – wenn nichts davon Teil des Wachstums ist, dann frage ich mich, was das überhaupt sein kann. Selbst Strom ist ja nicht unvermittelt zu haben. Da steckt auch eine Hardware dazwischen.

Das ist vielleicht auch eine Überleitung zu den strukturellen Rückkopplungsschleifen, die auch jenseits eines direkten Entscheidungsmoments von Individuen funktionieren müssen, damit keine Friktionen entstehen, die dann die gesamte Stabilität institutioneller Prozesse infrage stellen. Das sind strukturelle Treiber, wie es der historische Materialismus nennt, der eine Verbindung aus struktureller Vorzeichnung der Gestaltungsfreiheit und dem menschlichen Potenzial zu reflektiertem Handeln verfolgt. Denn glücklicherweise sind wir denkende, fühlende, kreative Individuen, die genau diese Widersprüche auch erkennen können, die die Geschichten neu drehen können, um eine andere Interpretation dessen, was da stattfindet, stark zu machen. Wir können kollektive Gemeinschaften der Interessensvertretung bilden, um Strukturen zu verändern, die nur einigen wenigen nutzen.

Zum anderen möchte ich noch mal auf Wert, Preis und produktiven Nutzen zu sprechen kommen. Die Frage, wie ich Werte verstehe, hat für mich mit Ethik zu tun, mit Religion und mit Philosophie, also mit einem kontinuierlichen Suchprozess danach, was als werthaltig empfunden wird. Die Grundwerte etwa, die in der Menschenrechtscharta formuliert wurden, sind dafür kritisiert worden, das westliche Recht individualisiere zu stark und vernachlässige das Recht des Ganzen –

wie etwa ein Recht für Mutter Natur. In einigen Verfassungen in Südamerika ist hingegen genau das verankert: Da wird nicht davon ausgegangen, dass Gesellschaften funktionieren können, wenn nur die Individuen ausreichend geschützt sind, sondern davon, dass auch die Gesamtheit in sich einen Schutz braucht, damit ihr Fortbestehen ähnlich im Fokus bleibt wie die Freiheiten der Einzelnen.

Für den ökonomischen Zugriff auf den Wertbegriff finde ich die Unterscheidung zwischen Nutzwert und Tauschwert hilfreich. Gerade in den Diskussionen über Care-Arbeit und die Tätigkeitsgesellschaft oder die systemrelevanten Berufe in der Pandemie sind wir darauf gestoßen worden, dass sehr viel Nutzwert in dieser Gesellschaft an Orten erstellt oder zur Verfügung gestellt wird, die wir aus der produktiven Kategorie, wo der Tauschwert, sprich ein Preisschild, regiert, ausgeschlossen haben.

Das kann man im Sozialen genauso beobachten wie in den Ökosystemen: Gesunde, diverse, sich stabil regenerierende Systeme liefern für Menschen, die als biologische, koexistierende Wesen in sie eingebettet leben, ganz viel Wertschöpfung. Als Geschenk. Aber dummerweise wird diese Wertschöpfung in der dominanten Geschichte der Verwertungslogik genau deshalb übersehen oder sogar zerstört: Für viele der Ökosystemdienstleistungen gibt es kein Geschäftsmodell in der aktuellen Verwertungslogik, die eher maschinell und technologisch orientierte Formen der Inwertsetzung nutzt. Da ist es im Zweifel »wirtschaftlicher«, die echten Bienen durch Drohnen zu ersetzen, als die Pestizide zu reduzieren und Bienen schlicht in großer Anzahl zu erhalten. Gerade wenn wir alle auf Bestäubung angewiesen bleiben, wäre das eine sehr wertvolle Patentanmeldung.

MT: Ich glaube, es geht auch darum, zu fragen: Was ist Wert, was ist Gabe und was ist Sorge? Wir haben jetzt gerade ein paarmal kritisiert, dass Klimakosten oder die Wertschöpfung der Natur, die ja umsonst zur Verfügung gestellt wird, nicht bilanziert werden. Sie werden in unserer Art des Wirtschaftens nicht mit eingerechnet, und hier stehen wir vor einem Dilemma: Maja, du plädierst dafür, dass wir all das in die Bilanz einbringen, es budgetieren. Das würde aber bedeuten, dass wir auch in Bezug auf Natur in ein Kosten-Nutzen-Denken kommen, in eine Art Ökonomisierung der Natur, um sie zu schützen. Dagegen gibt es auch andere Begriffe, die ihr auch schon erwähnt habt – die Gabe, die Sorge, die Pflege –, die jenseits dieser Kosten-Nutzen-Rechnung operieren. Das Dilemma besteht dann darin, welcher Zugriff zielführender ist, wenn das Ziel die Erhaltung unserer Lebensgrundlage ist.

MH: Und wie sehr es auch darum geht, durch andere Begriffe überhaupt erst ein anderes Denken unserer Welt zu ermöglichen?

MG: Das ist ein Mega-Dilemma, das viel zu wenig diskutiert wird. Es ist immer eine Gratwanderung, etwas so auszudrücken, dass es anschlussfähig ist und eine Relevanz erfährt, ohne gleichzeitig dazu einzuladen, dass die aktuelle Verwertungslogik sich dessen annimmt. Darüber habe ich viel mit ökologischen Ökonom*innen gesprochen, die sagen: Wir wollen die Werte bloß zeigen und nicht die Bepreisung fördern. Aber die Frage bleibt trotzdem immer: In welchem Kontext und in welchen Kräfteverhältnissen geschieht das? Welchem Drang nach weiterer Aneignung bietet das ein Einfallstor – und damit auch dem Wunsch, etwas wieder in ein Preissystem einfügen zu können. Damit kann man dann wieder spekulieren und Gewinne definieren. Kann man überhaupt so einen Diskurs pflegen, ohne zu riskieren, dass die realistische Antwort auf die Frage nach den Kräfteverhältnissen lauten wird: von politischen und vor allem auch ökonomisch organisierten Kräften?

Dessen bin ich mir gewahr und finde es sehr schwierig, eine gute Formel dafür zu finden. Denn gleichzeitig beobachten wir ja, dass die Schonung von Ressourcen – wenn nicht entweder ein Zaun drum herum ist oder ein Schild dran: »Das ist mein Rasen. Wehe, du kommst da drauf« – schlicht nicht stattfindet. Deshalb wird häufig argumentiert, dass die Lösung für die Allmende primär durch den privaten Besitz geregelt werden müsste: Dadurch wäre ein Eigeninteresse gegeben, sodass sie nicht komplett vernutzt würde, sondern Einkommen aus den Nutzungsentgelten oder Erträgen möglichst lange fließen könnten. Die Commons-Bewegung – ob nun aus den Global Commons abgeleitet oder auch aus einer differenzierten Sicht auf mögliche kooperative Abkommen zur Nutzung der Allmende – sucht daher nach Governanceprinzipien und Strukturen, die eine Art Mittelweg darstellen, wo Eigentumsfragen auch getrennt von Vergütungsfragen betrachtet werden können. Das bleibt nach wie vor ein spannender Suchprozess! Wie kriegen wir diesen Tanz hin, etwas in diesen Begriffen auszudrücken und dadurch schützen zu wollen, ohne dass es dann sofort von der dominanten Logik kooptiert wird? Da würde mich auch deine Perspektive sehr interessieren, Eva.

ER: Ich finde, die Budgetierung von Ökosystemdienstleistungen hat in vielen Kontexten auf jeden Fall einen diagnostischen Mehrwert, weil man damit etwas sichtbar machen kann: nämlich die schiere Größenordnung dieser Eco-Services.

Und gleichzeitig bleibt man damit ja gezielt in der Marktlogik, da ist die Gefahr doch eher, nicht kooptiert zu werden – also dass diese Berechnungen brav angestellt werden, aber die politischen Mechanismen fehlen, um ihre Einpreisung wirklich zu erzwingen. Oder dass die Berechnungen punktuell bleiben – CO_2, aber kein Feinstaub und keine Bodenerosion und keine Meeresübersalzung usw. – und dass sie immer hinterherhinken, während das Kapital unter Konkurrenzdruck schon wieder neue Tricks gefunden hat. Ein tanzender Suchprozess also, tatsächlich.

Mein eigentliches Unbehagen an der Sache ist aber gar nicht so sehr, dass Natur in Marktlogiken gepresst wird, sondern dass solche Budgetierung suggeriert, diese Sachen seien einfach da und würden weiterlaufen. Solche Berechnungen projizieren ja historisch gewachsene Verhältnisse in eine Zukunft, die unsere bisherige Wirtschaft in Wahrheit völlig unberechenbar gemacht hat.

Damit kommen wir zum großen Thema des Regenerierens. Der wahrscheinlichste weitere Verlauf ist, dass viele Ökosysteme ihre »Dienstleistungen« aussetzen. Ein Beispiel wäre etwa die Meeresküste, die das Wasser zur Verfügung stellt, in dem Shrimpsfarmen angelegt sind; Shrimpsfarmen, für die bereits Mangrovenwälder abgeholzt wurden, die vor Hochwasser schützen, Shrimpsfarmen an Küsten mit steigendem Meeresspiegel also. Es ist dasselbe Wasser, das seinen Service leistet und das über die Ufer treten, Chaos in den Shrimpsfarmen anrichten und nebenbei noch die Siedlungen in Strandnähe zerstören wird. Was ich damit sagen will: Die Natur bildet keine feststehenden Größen, die man dann einrechnen kann, sondern umfassende, planetar verwobene Wechselwirkungen. Wir produzieren in umgreifenden Stoffwechseln. Und das fordert an vielen Stellen auch aktive Arbeit – eben nicht nur Schutz, sondern auch wirklich aktive Regeneration, Reparaturleistungen der Menschen, also nicht mehr an die Abspaltung gekettete menschliche Arbeit.

Das ist immer mein anderes Argument, warum ich glaube, wir müssen mehr machen, als den Kapitalismus einzudämmen: Weil Menschen nämlich die Tiere sind, denen die abgefahrene Fähigkeit zu eigen ist, ziemlich viel von dem zu überblicken, was andere Tiere und auch vegetatives Leben an Lebensformen, Bedürfnissen und Metabolismen haben. Wir können das – und genau deswegen können wir ja auch so gut ausbeuten und zerstören. Aber: Wir können eben auch bestimmte Regenerierungsprozesse aktiv steuern.

Es geht also nicht einfach nur darum, etwas zu bewahren, sondern es geht um ein Gestalten, das kein Zerstören wäre. In dieses Gestalten kommt man nicht über Nutzungsgebühren an der Natur. Um dahin zu kommen, braucht man einfach erst mal Zeit. Solange die aber in profitorientierter Arbeit gebunden ist – selbst wenn das dann ein bisschen mehr Green Economy ist –, fehlt sie für den regenerierenden Austausch mit der Natur. Ich weiß aus eigener Erfahrung, wie unglaublich viel Arbeit es ist, einen biologischen Hof zu führen, im Vergleich zu einem konventionellen. Ich glaube, das muss man sich einfach vor Augen führen, wenn man auf Paradigmenwechsel abzielt.

Und vielleicht ein Letztes noch zu den Erzählungen: Ich glaube nicht, dass Werte losgekoppelt sind von Praktiken. Ich meine, der Kapitalismus hat ja schon immer verheerende Opfer gefordert und das wussten Menschen auch schon oft und es hat trotzdem nicht so richtig geholfen. Oder es brauchte sehr viel massiven politischen Druck, um überhaupt kleinste Korrekturen für manche in diesem System hervorzurufen. Darum denke ich, dass diese anderen Werte auch nur aus einer anderen Praxis kommen. Das bleibt natürlich ein totales Paradox: Wo nimmst du die andere Praxis her, wenn sie erst die anderen Werte braucht?

Ich habe also überhaupt nichts gegen Bilanzierung. Ich finde aber, man muss den Raum offenhalten, in dem man wirklich auch andere Erfahrungen – das ist jetzt richtig pathetisch – mit dem Leben einüben könnte, also eine andere Arbeit im Austausch mit der Natur. Und wenn man dann merkt, dass einem die Realität mit ihren Verwertungszwängen ständig dazwischenkommt, dann weiß man eben, wogegen man zu kämpfen hat.

MG: Im Prinzip ist das ja auch eine kulturelle Frage: Denn es geht darum, eine gewisse Vergütung oder ein Einkommen zu haben, mit dem ich mein Leben entweder finanziell oder durch Tauschgeschäfte absichere, weil ich eben nicht alles immer genauso herstellen können werde, wie ich es bräuchte. Insofern war das Geldsystem eine riesige Revolution, weil es dezentrale Kooperation und Kreditwesen und Investitionen und Zeitlichkeiten und so was ermöglicht hat. Das Ausmaß an Arbeitsteilung und -verteilung ist dadurch komplett explodiert.

Die Frage lautet daher: Wie kann man die zentralen Funktionen von Geld so neu organisieren, dass die von Marx stark herausgearbeiteten Beziehungsqualitäten von Finanzkapital eingehegt werden? Denn für ihn ist es nicht mehr das Mittel, das die Kombination diverser Produktionsfaktoren zugunsten eines höheren Mehrwertes ermöglichte, sondern es ist selbst zur Ware geworden: Die Mehrung des Geldes ist der Zweck und jegliche Kombinationsprozesse auf dem Weg dahin sind nur die Mittel. Wenn aber Geld als Arbeit und Natur gleichwertiger Produktionsfaktor gilt, können die Forderungen der Personen, die dieses Geld zur Verfügung stellen, auch mal größer ausfallen. Das wird in der Wissenschaft unter dem Begriff *rent-seeking* diskutiert, also der Versuch, Gewinn zu erzielen, der nicht im Verhältnis zu meinem produktiven Beitrag steht.

Genau das wäre für mich hingegen immens wichtig: Wirtschaften muss immer mit einer produktiven Tätigkeit zu tun haben, sonst ist es nicht Wirtschaften. Sondern Wertabschöpfung. Je nach Kräfteverhältnissen dann auch mal schlicht Erpressung: Wenn ich beispielsweise als Vermieter einer Wohnung nicht einmal mehr Instandhaltung betreibe, aber gleichzeitig die Miete immer weiter erhöhe – was wir ja überall sehen –, einfach nur weil ich es kann. Weil Menschen eben Wohnraum brauchen. Und weil alle anderen es auch machen, weil sie sich wiederum mit allen anderen vergleichen und nicht weniger verdienen wollen.

Wir können uns aber überlegen, wie wir diese Unterscheidung zwischen Wertschöpfung und Wertabschöpfung viel systematischer ausbuchstabieren und dann auch politisch unterschiedlich steuern. Mariana Mazzucatos Beispiele aus der Pharmaindustrie machen etwa sehr deutlich, dass die Vorstellung, der Markt bestimme einen Preis, der den Wert symbolisiere und damit auch den Preis rechtfertige, wenn dafür nachgefragt wird, wirklich zynisch ist. Natürlich lege ich in dem Moment, wo mir ein Medikament versprochen wird, das einen geliebten Menschen länger leben lässt, alles dafür auf den Tisch. Da wird die ganze Idee davon, dass ich nur so viel bezahle, wie es mir wirklich wert ist, was dann nur gerecht scheint, komplett ausgehebelt. Es geht da um ganz andere Wertentscheidungen, die wir in unserer Gesellschaft treffen müssten: Wer bekommt Zugang zu welchen Gütern und Dienstleistungen, und wie stellen wir in öffentlich-privater Kooperation sicher, dass diese auch rechtzeitig und in guter Qualität entwickelt werden? Welche systemrelevanten Tätigkeiten sind dabei bisher viel zu wenig berücksichtigt und gewertschätzt worden?

Dafür ist die Coronapandemie hoch spannend, weil wir in ihr tatsächlich die Möglichkeit haben, auf einer ganz anderen Ebene darüber zu sprechen, was uns wirklich wichtig ist in dieser Gesellschaft. Das ist sicher nicht immer einfach, aber wichtig. Denn genau das sind ja die Momente, wo es interessant wird, wo die Unterscheidungen auch wieder greifbarer werden und eine Disruption der Routinen, an die wir uns so wahnsinnig gewöhnt haben, zum Einfallstor werden kann, um zu reflektieren und zu hinterfragen und zu überlegen: Welche Formen der Arbeitsteilung und -organisation fördern Zusammenhalt in der Gesellschaft, selbst in Krisenzeiten? Oder: Welche Formen landwirtschaftlicher Produktion sollten wir abschaffen und welche sollten wir wieder aufbauen, damit wir auch zukünftig wissen, dass die Supermarktregale nicht auf einmal leer sind, wenn fragile globale Wertschöpfungsketten zerbrechen? Das war doch eine neue Erfahrung, dass Menschen in so wahnsinnig reichen Ländern auf einmal merken, dass nicht alles immer selbstverständlich im Überfluss vorhanden ist, ganz gleich, ob ich fünf Minuten vor Ladenschluss einkaufen gehe oder morgens gleich um sieben. Dass man sich anstellen musste und auch mal warten, bis wieder etwas nachkam – nur um sich dann Sorgen zu machen, dass sich andere vielleicht zu viel nehmen.

Diese ganze Mangelerfahrung hatten wir komplett ausradiert und damit auch die Frage nach den Prioritäten, welche Sektoren also als Erstes stillgelegt werden sollten, und wie die disruptive Pandemie hier auch ein Beschleuniger von bereits vorbereiteten Transformationsprozessen in Wirtschaft und Gesellschaft hätte werden können. Ich finde es traurig, wie schnell das dann mit Werbebotschaften, Konjunkturprogrammen, Stimuli et cetera wieder überdeckt wurde und ein »Zurück zur Normalität« erklang – als wäre irgendetwas an der vorher stabil verlaufenden Überausbeutung von Mensch und Natur normal gewesen. Da hat dann doch das Primat der Verwertungsstruktur, wie du sie vorhin beschrieben hast, gewonnen über das Moment, in dem eine Gesellschaft die Chance hatte, wirklich tiefgreifender zu fragen: Was machen wir hier eigentlich?

MT: Ich finde spannend, wie du beschreibst, dass die Pandemie die Narrationen über Wert und die In-Wert-Setzung nicht nur freigelegt, sondern auch verschoben, ja sogar in eine Wahrnehmungskrise gebracht hat. Eva, hast du ähnliche Beobachtungen?

ER: Da sind so viele interessante Sachen auf dem Tisch, wo anfangen!? Ich will noch einmal etwas zu dem sagen, was du eben über Geld und die Komplexität der Arbeitsteilung gesagt hast. Also einerseits hat Geld ja die Funktion, dass man Preise ausdrücken kann. Wenn man nun sagen würde, man hat eine bedürfnisorientierte Wirtschaft, dann wäre das gar nicht mehr so wichtig, weil Profit gar nicht mehr bemessen werden muss. Aber man hat natürlich auch den anderen Nutzen, dass Geld nämlich ein Koordinationsmechanismus und letztlich ein Informationstool ist. Es zeigt uns, wo Bedarf ist, weil die Leute eben bereit sind, dafür zu bezahlen. Und in der liberalen Wirtschaftswissenschaft geht man davon aus, dass die Nachfrage bewirkt, dass dann auch mehr vom Begehrten produziert wird, weil die Leute ja bereit sind, dafür zu zahlen. Das beschreibst du auch in deinem Buch, zu was für Zynismen das führt, sobald es wirklich ans Eingemachte und so unschätzbare Dinge wie das Leben geht, für das eben wenige reiche Leute unglaublich viel mehr aufbringen können als alle Armen zusammen.

Was wir jetzt aber wirklich gesehen haben, ist, dass der Zuteilungsmechanismus Markt selbst schon für so einfache Dinge wie FFP2-Masken eine totale Farce ist und wir tatsächlich auf andere Art den Bedarf erheben müssen. Und da würde ich sagen, das passiert auch schon längst, nur eben in den Infrastrukturen des Kapitals. Denn die Plattformen erheben ja jetzt schon Informationen über ganz spezifische und ganz individuelle Bedürfnisse. Bloß teilen sie ihre Daten nicht, zumindest nicht so, dass sie demokratischer Debatte und Abstimmung, und auch nicht so, dass sie bedürfnisorientierter Tätigkeit offengestellt würden. Stattdessen werden die Daten als Marktforschung geheim gehalten und dann wiederum als Ware weiterverkauft.

Insofern glaube ich, dass wir jetzt – und das ist welthistorisch absolut neu – ganz andere Möglichkeiten hätten. Anfang des 20. Jahrhunderts hatte man für diese Koordinations- und Informationsfunktion des Geldes keine Alternative. Das hat sich dann auch in der staatlichen Planwirtschaft gezeigt, die so mühsam immer irgendwie gucken musste, was die Leute vielleicht in fünf

Jahren wollen könnten, und dann gefiel ihnen der Pullover aus dem Kombinat doch nicht. Da sind wir jetzt, in den Zwanzigerjahren des 21. Jahrhunderts, an einem völlig anderen Punkt.

Bleibt nur das Machtproblem: Das Wissen ist da, aber nicht bei uns. Denn einfach so aneignen, wie sie sind, können wir uns die Plattformen nicht, weil das hieße, das Wunschdenken der Arbeiterbewegung des 19. Jahrhunderts zu wiederholen: Die Fabriken sind da, die Arbeiter haben alle Skills, wir müssen nur noch die Bosse loswerden. Wir wissen aber heute, dass das nicht mal für die Fabriken stimmt, weil man dann auch noch überlegen müsste, wie man hier zum Beispiel fossilenergiefrei produzieren kann und mit weniger toxischen Abfällen. Also selbst da wissen wir noch nicht, wie wir produzieren müssen. Was wir aber wissen: Manche Strukturen müssten wir erst mal zerschlagen, um sie dann neu wieder aufzubauen, diese zentralisierten Plattformen, die auf das eigentlich distribuierte Internet draufgesetzt sind und bestimmte Sachen monopolisiert haben – die bräuchten eine völlige Neukonzeption.

Witzigerweise macht ja Lenin 1917 in *Staat und Revolution* genau so ein Argument über den Staat, wenn er sagt: Den können wir nicht einfach übernehmen. Obwohl er letztendlich für die Diktatur des Proletariats – die dann später auch umso zentralistischer und autoritärer wird – darüber nachdenkt, sagt er erst mal, dass der Machtapparat, wie er ist, nicht übernommen werden kann. Der sei zentralistisch, der entspreche nicht den rätedemokratischen Ansprüchen.

Jetzt würde ich sagen, ein Teil der souveränen Steuerungsfunktion des Nationalstaats liegt ja schon bei Plattformen. Alphabet, also Googles Mutterfirma, arbeitet an Verkehrsinfrastrukturen, in der Stadtplanung, an diplomatischen Moderationstools. Und zum Teil übernehmen die Plattformen schon öffentliche Funktionen der Datenerfassung und Gesundheitsvorsorge. Sie experimentieren über Kryptowährungen mit einem alternativen Bankwesen, und vermitteln auf jeden Fall auch so etwas wie Bildung oder die Formierung von Bedürfnissen. Und all das müsste man überhaupt erstmal demokratisch in der Hand haben, damit es anders rückwirkt, als es das jetzt tut. Und klar, ich würde nicht sagen, die Leute wünschen sich einfach nur, was ihnen von den Plattformen vorgesetzt wird. Also da gibt es immer auch irgendeine Art von Komplexität des Begehrens, mit dem man sich wieder darauf zurückbezieht. Aber trotzdem, gerade in einem werbedurchtränkten Markt kreiert das, was angeboten wird, auch überhaupt erst die Bedürfnisse danach, und das ist ein Perpetuum mobile in die falsche Richtung.

MH: Durch Corona gab es ja auch diese Annahme, die Wirtschaft breche zusammen, wenn alle nur noch kaufen würden, was sie wirklich brauchen. Das wurde jedenfalls behauptet. Daher würde ich gern mit euch über *degrowth* sprechen. In deinem Buch, Maja, ist die Entkopplung von Wirtschaft und Wachstum ein zentrales Thema. Man gewinnt den Eindruck, dass erfolgreiches Wirtschaften und der Schutz der Natur nicht unbedingt widersprüchlich sind, sondern dass es einfach eine andere Form der Wirtschaft braucht. Degrowth oder Postwachstum sind Schlagwörter, die viele Leute mit genau dieser Auffassung verbinden. Scheint euch das sinnvoll? Oder brauchen wir vielleicht doch eher so etwas wie selektives Wachstum oder *smart growth* – ein anderer Begriff, der oft danebengehalten wird. Und welche politischen Rahmenbedingungen bräuchte es, damit daraus auch wirklich ein ökologischer Fortschritt erwächst?

MG: Also, in den letzten Texten, die ich geschrieben habe, habe ich immer dafür plädiert, diesen Wachstumsbegriff einfach komplett wegzulassen, weil ich glaube, dass der uns überhaupt nicht hilft. Weil ich, wenn ich den Begriff verwende, sofort entweder dem einen oder dem anderen Lager zugeordnet werde und jeder und jede ihn für etwas komplett anderes benutzt.

MT: Du meinst, zu einem anderen politischen Zweck oder um unterschiedliche Phänomene zu beschreiben?

MG: Im Bericht *Grenzen des Wachstums* des Club of Rome aus dem Jahr 1972 ging es ja wirklich darum, fünf unterschiedliche Trends – nämlich Bevölkerungswachstum, industrielle Prozesse, Nahrungsmittelproduktion, Verschmutzung und Energie – so miteinander in Verbindung zu setzen, dass man versteht, wie viel die Menschen dem Planeten entnehmen und zufügen und was das mit dem Erdsystem macht. Das hatte eine klare materielle Basis. Und die ganze Idee einer *steady-state economy,* wie sie dann vorgestellt wurde, hatte immer mit dieser Auffassung zu tun: Wir müssen den materiellen Durchsatz einer Volkswirtschaft auf einem Niveau stabilisieren, das der Natur überhaupt ermöglicht, das Verbrauchte wieder zu regenerieren. Daher kommen dann solche Konzepte wie der ökologische Fußabdruck und der World Overshoot Day, mit dem versucht wird zu berechnen, an welchem Tag im Jahr wir all das der Erde entnommen haben, was sie für das nächste Jahr regenerieren kann. Was wiederum bedeutet, dass wir ab diesem Tag – im Jahr 2021 war es zum Beispiel der 29. Juli – auf Pump leben. Im Grunde genommen wird dann das, was an materiellen Grundlagen in der Zukunft zur Verfügung steht, systematisch kleiner und degradiert.

Und dann kriegt man ja nach wie vor in einem ernst gemeinten Diskurs zu hören: »Aber wenn Sie das Wachstum verbieten wollen, Frau Göpel, dann wollen Sie den armen Menschen verbieten, dass sie ausreichend versorgt werden.« Das ist natürlich genau der Quatsch, auf den die Degrowth-Bewegung ständig hinweist und sagt: Wenn wir anfangen ernst zu nehmen, was wir tatsächlich zur Verfügung haben, dann geht es darum, dass diejenigen, die Überkonsum für sich in Anspruch genommen haben, sprich viel zu viel auf die Lebensgrundlagen aller zugegriffen haben, dieses Konsumniveau reduzieren – also ihren eigenen Fußabdruck verkleinern, damit andere ihren Zuwachs für eine ausreichende Versorgung überhaupt vornehmen können.

Es geht also um ein Ausbalancieren, ein besseres Verteilen. Oder anders gesagt: um Ressourcengerechtigkeit. Und daran anschließend um die Frage: Warum ist es in Ordnung, bei den Worten »Verzicht« oder »Verbot« Zeter und Mordio zu schreien, nur weil ich zufällig in einem Land lebe, wo sehr viel früher und sehr viel aggressiver auf die Ressourcen der ganzen Welt zugegriffen worden ist – sodass ich jetzt einen Anspruch kultiviert habe, dass das irgendwie mein Menschenrecht ist, das sich nie verändern darf?

MH: Das wäre dann wieder der Phantombesitz, oder?

ER: Ein Beispiel dafür, ja.

MG: Dass wir inzwischen aber nicht mehr vier, sondern bald acht Milliarden Menschen sind, ist aus dieser Bestimmung des Anspruches ausgeklammert. Wir haben es hier mit einem rechtsbasierten Freiheitsbegriff zu tun, der genau diese historischen und kontextuellen Veränderungen mehr oder weniger ignoriert. Deshalb war auch das Urteil des Bundesverfassungsgerichts so wichtig. Das war zum ersten Mal ein Ansatz, der wirklich versucht hat, diese ungleiche Verteilung in Form des CO_2-Budgets zur Ausgangsbasis zu machen. Sie haben diesen Nutzwert dem Tauschwert übergeordnet und damit ein Stück weit die Währung verändert: indem sie eben nicht, wie viele Ökonom*innen das normalerweise machen, der Annahme folgen, dass die zukünftigen Generationen mehr Geld haben werden und es daher die heutigen Generationen zu stark belasten würde, wenn wir jetzt in Klimaschutz investieren. Zumal Technologien in der Zukunft wahrscheinlich billiger sein werden, was dann in Form einer sogenannten Diskontierung in die Berechnungen von Kosten und Nutzen eingepreist wird. Dem Klima ist es aber ziemlich egal, ob die Technologien in

Zukunft billiger sein werden. Das kippt, wenn wir eine bestimmte Anzahl von *parts per million* in der Atmosphäre überschreiten. Und deshalb hat das Bundesverfassungsgericht den ökonomischen Kalkulationen den Riegel der Freiheitssicherung vorgeschoben: Das CO_2-Budget zur Einhaltung der Klimaziele wächst nicht an, und deshalb muss die Grundlage für den Gerechtigkeitskurs vom Geld auf die Emissionen verlagert werden.

Und so ähnlich könnten wir auch ökonomisch fragen: Wer wird für die Schäden aufkommen, die entstehen, weil wir weiterhin laut gegen Verbote und Aufrufe zur Reduktion des Konsums wettern, obwohl das ja eigentlich nur Korrekturen eines sehr ungerechten Zugriffs auf das sind, was wir zur Verfügung haben?

MH: Das heißt, der Anspruch auf Ressourcenverschleiß in der Gegenwart basiert auf einer Art spekulativer Wette auf die Zukunft?

MG: Auf der Extrapolation vergangener Trends, ja. Aber das reicht in einer Situation der ökologischen Krisen nicht aus. Bleiben wir im rein geldbasierten Wachstums- und Gerechtigkeitsdiskurs, bleibt all das unsichtbar. Darum geht es den ökologisch argumentierenden Studien zur Wachstumskritik, dass der Metabolismus unseres Gesellschaftssystems eben mit wachsendem

Bruttoinlandsprodukt auch verlässlich mitwächst. Aber im öffentlichen Diskurs wird der Wachstumsbegriff hemmungslos verwässert. Bis hin zu Auslegungen, dass in dem Moment, in dem man Wachstum verbietet, auch die kreative Entfaltung der Menschen verboten würde, weil kreative Entfaltung automatisch immer zu Wachstum führe. Da ist man dann plötzlich vom Indikator des Bruttoinlandsprodukts, den wir eigentlich in der Debatte häufig mit dem Begriff Wachstum verbinden, so weit entfernt, dass alles durcheinandergeht und wir überhaupt nicht mehr in einen Dialog zur Problemlösung kommen. Deshalb halte ich die Suche nach einem besseren Vokabular zur Beschreibung zukunftsfähiger Ökonomien für unbedingt notwendig. Ich spreche von regenerativem Wirtschaften, weil das zum einen die dynamischen Aspekte beinhaltet, das Evolutionäre, und zum anderen auch das Kultivierende einschließt. Und den Geldflüssen auch die realen Bestände an die Seite stellt.

Ein ökonomischer Ansatz in diese Richtung ist die Unterscheidung von Kapitalgrößen, die es ermöglicht, soziales Kapital – unsere Institutionen und Kooperationsstrukturen – und Humankapital abzubilden: Was können Menschen? Wie sind sie gebildet? Was ist ihnen mitgegeben worden? Wie gesund sind sie? Genauso wie das Naturkapital und auch das produzierte Kapital –

sprich die Gebäude, Wohnräume, Maschinen, Fabriken. Dann merkt man ganz schnell, dass nicht nur das Naturkapital rasant schrumpft, dass Humankapital schnell wachsen sollte und dass es insgesamt aber nicht wünschenswert ist, dass alles ständig wächst. Denn dann wäre ja ziemlich schnell alles vollgestopft! Wir wollen gar nicht noch mehr Infrastruktur, noch mehr Institutionen – ich glaube, einige von uns wären sogar froh, wenn es etwas weniger von allem wäre und wir ein bisschen freier wären. Ob mehr also auch besser ist, kommt auf die Situation und die Sache an.

Wenn man sich nun anguckt, wovon man mit dem abstrakten Begriff der Kapitalform spricht, braucht es andere Messgrößen als Geld und immer auch qualitative Beschreibungen, um zu verstehen, ob sich etwas positiv entwickelt oder nicht. Dann merkt man auch, dass nur das Finanzkapital etwas ist, das immer weiter fröhlich an Quantität zunehmen kann, ohne dass man irgendwann sagt, das wird automatisch ein qualitativer Verlust sein müssen.

Und da ist es doch verrückt, dass wir immer noch am Wachstumsnarrativ des Bruttoinlandsprodukts festhalten, obwohl es tatsächlich nur eine einzige Sache misst, nämlich eine fiktive Größe, von der wir – wie wir ja auch gerade sehen – einfach so immer mehr drucken oder auf einem Computerbildschirm herstellen können.

Ist es dann tatsächlich ein gutes Zeichen, wenn Hauspreise, Mieten und Bodenpreise durch billiges Geld steigen – und damit auch das BIP?

ER: Die Frage lautet ja auch: Ein gutes Zeichen oder wünschenswert für wen? Also für uns und für die Natur sicher nicht. Aber das Kapitalinteresse ist eben an Wachstum gekoppelt. Maximilian, du hast das so schön zitiert mit dem »Wenn wir alle nicht mehr einkaufen gehen, dann bricht die Wirtschaft zusammen«, aber das tut sie eben nicht – und ist sie ja auch nicht. Solange wir streamen und ab und zu bei einem Lieferservice ordern, bricht die Wirtschaft eben nicht zusammen. Natürlich gehen Existenzen kaputt, ganze Branchen gehen pleite. Aber das ist dem Kapitalismus total egal. Das ist eingebaut, das ist Teil des Systems der Konkurrenz, dass immer wieder Nichtiges erschaffen wird. Denn die Verwertung läuft weiter.

Der ist es auch egal, ob wir online oder im Laden shoppen, solange wir irgendwie auf eine Weise von dem *grid* der Warenwelt abhängig sind. Periodisches Schrumpfen ist Teil der kapitalistischen Wirtschaft, aber wo immer sie danach wieder loswächst, führt sie auch zu Ausbeutung und Vermüllung. Ich stimme praktisch mit vielen Forderungen der Degrowth-Ansätze überein. Aber ich tue das mit einer gewissen pessimistischen Melancholie. Pessimistisch, weil ich eben nicht sehe, wie es gelingen soll, das Wachstum ernsthaft einzugrenzen, sich also dem Kapitalismus da, wo er am stärksten ist, effektiv in den Weg zu stellen. Aber dass etwas schwer ist, heißt natürlich nicht, dass es falsch wäre. Ohnehin braucht es viele Zwischenschritte, und man kann gucken und austarieren, wie viel Macht man entwickeln kann, um dieses Tier zu bändigen. Aber eigentlich wollen wir doch ein anderes Tier haben, beziehungsweise ein anderes Tier sein, denn das sind ja auch wir. Und das ist die Melancholie, die die Degrowth-Debatte bei mir auslöst: Dass sie dem Kapitalismus, der doch im Grunde nur die Wucherung kennt, das schöne Wort »Wachstum« überlässt – wobei Maja das eben sehr überzeugend differenziert hat. Aber es bleibt doch dieser Fokus auf die Minderung des Übels. Mich stört der Mechanismus – Profit, Abspaltung, Konkurrenz –, mit dem der Kapitalismus Wachstum herstellt. Denn zu Wachstum selbst habe ich tatsächlich ein ganz positives Verhältnis.

MT: Kannst du das näher erläutern?

ER: Wenn ich an Wachstum denke, denke ich an *feminist economies of abundance*. Ökonomien der Fülle und des Überflusses an Zeit und Sorge und Nahrung und Schutz. Wenn alle acht Milliarden Menschen damit beschäftigt wären, für ihre wechselseitigen Bedürfnisse, die sie artikulieren und aushandeln, zu produzieren, und zwar eingedenk der Bedürfnisse oder Anforderungen natürlicher Zyklen, dann hätten wir alle einen Reichtum und eine sinnliche Fülle und materielle Absicherung, von der wir im Kapitalismus nicht mal träumen können. Und ich glaube, man braucht diesen Traum, der in realen Erfahrungen von Solidarität und Sorge wurzelt, um aus der gegenwärtig völlig verschobenen Wahrnehmung von Gewinn und Verzicht herauszukommen.

Es ist ja nicht nur so, dass das Eingrenzen des kapitalistischen Wachstums nur irgendwelchen Leuten ihr Auto verbieten würde. Sondern das Eingrenzen des kapitalistischen Wachstums würde auch ganz viele Leute davor bewahren, ihr Land zu verlieren, das ihnen durch Landgrabbing und Umweltverschmutzung genommen wird, oder davor, in Fabriken arbeiten zu müssen, wo die Löhne immer stärker gedrückt werden und das Gebäude irgendwann über einem zusammenbricht.

Der Verzicht, der durch Wachstumsbeschränkung entsteht, ist ja auch einer, den nur – das hat Maja eben auch schon gesagt – ein paar Gruppen und Identitäten spüren. Was derzeit gegen die ökologische Transformation ankämpft, ist Identitätspolitik im eigentlichen Sinne, wie sie nämlich nur von rechts betrieben wird, weil da die Identität wirklich völlig von den materiellen Interessen abgekoppelt wird.

Denn das Verrückte ist ja, dass selbst viele der weißen Bürger*innen nördlicher Industriestaaten, die eigentlich gar nicht viel zu verlieren haben, weil den meisten von ihnen ja der ganze Reichtum auch nicht gehört, trotzdem so verhaftet sind in diesem Modell der Besitzstandswahrung. Weil sie damit imaginär auf die Seite der Gewinner gelangen. Ihr – unser – tatsächliches Interesse wäre doch auch, dass die Welt nicht endet. Aber faktisch werden alle bestehenden Ansprüche als Phantombesitz aufgeladen. Dass also beispielsweise ganz viele Leute sich bemüßigt fühlen zu sagen, die Deutsche Wohnen soll doch ihre Häuser behalten, oder dass sie finden, man soll gerade jetzt, wo man weiß, dass es demnächst vorbei ist mit den fossilen Brennstoffen, noch mal Autobahnen ausbauen.

Also, ich wäre so froh, wenn das nicht stimmt. Aber ich habe das Gefühl, dass gerade wenn es dir schon entzogen ist, du noch mal zulangen willst und es ja irgendwie auch kaputt machen musst, weil du damit zumindest beweist, dass es dir gehört hat. Phantombesitz: Dann jetzt eben wirklich noch mal den Wald abholzen oder »I Love Klimawandel« als Aufkleber neben dem Auspuff aufs Auto kleben. Ich meine, was macht das für Leute, was ziehen sie daraus? Das muss man eben irgendwie verstehen. Das sind keine individuellen Verirrungen, das ist die verzweifelte Behauptung genau der Logik, die derzeit unsere Versorgung – also auch meine – auf Kosten anderen Lebens sicherstellt. Diese Ansprüche auf Fortsetzung der Sachherrschaft, auf Konsum und Wegwerfen, die sind in der Welt. Und sehr schwer zu recyceln.

MH: Ihr habt vorhin über die Arbeit der Pflege und Sorge gesprochen, die ja eben auch nicht bepreist wird und werden sollte. Was heißt Degrowth aus feministischer Perspektive?

MG: Ich habe den Eindruck, dass das systemischere Betrachten und das Im-Blick-Behalten des Ganzen etwas ist, das ich als eine sehr feminine Qualität sehen würde. Und wenn ich auch kulturelle Unterschiede bedenke, mit dem, was dem Femininen typischerweise zugeordnet ist, etwa im Yang und Yin oder der Energie, die aus dem Himmel, aus den tausend Sachen kommt, und der Energie, die aus der Erde kommt, aus dem Kultivieren – ohne das jetzt überspitzen zu wollen –, dann nehme ich wahr, dass Letzteres eher mit femininer Führungsqualität konnotiert ist. Also weniger: Wie hole ich das meiste für mich aus diesem System und dieser Struktur raus, damit ich irgendwann oben sitze? Sondern: Was ist meine Rolle, damit es in diesem System möglichst vielen gut geht und wir uns gemeinsam weiterentwickeln?

Das heißt überhaupt nicht, dass nur Frauen diese Qualität besitzen, sie kann auch sehr gut in Männern verankert sein, aber in unserer Kultur hat sie schon lange eine untergeordnete Rolle. Und da sehe ich dann eben eine starke Verbindung zur Frage nach Care-Arbeit und zu Anliegen der Degrowth-Bewegung, weil das pflegende und dienende Tätigkeiten umfasst, dieses umsorgende In-Resonanz-mit-etwas-Treten, das Zeit braucht, das Fokussierung benötigt, was sich einfach total gegen Multitasking und exponentielle Beschleunigung sperrt und wehrt. Das sind alles Bedeutungen, die mit dem Begriff Degrowth durchaus einhergehen. Deshalb auch die Frage: Wollen wir das wirklich Verzicht nennen oder wollen wir es einen Zugewinn nennen? Oder, um es etwas kreativer und spielerischer zu formulieren: Was wächst stattdessen, wenn es nicht Umsätze oder das Bruttoinlandsprodukt sind? Wahrscheinlich die Qualität von Beziehungshaftigkeit, die Qualität von Versorgungsmöglichkeiten – allein schon dadurch, dass eine gewisse Form von Zeitlichkeit wieder eingeplant wird, damit ich etwas überhaupt vernünftig, anspruchsvoll und qualitativ hochwertig tun kann. Man versorgt eine demente Person nicht besser, wenn man nach zehn Minuten ins nächste Zimmer rennt und in dieser Zeit noch nicht mal Kontakt aufnehmen konnte. Man massiert jemanden nicht besser, weil man es schneller macht.

Diese Reduktion von etwas, dem viele aus einer Berufung heraus nachgegangen sind, auf Quartalsumsätze, durch Rahmenbedingungen, die daraus einen produktivitätsorientierten Job gemacht haben, erzeugt Verlustigkeit. Und auch moralische Kündigung – diesen Begriff habe ich erst vor zwei Tagen gelernt –, weil ich das irgendwann schlicht nicht mehr aushalte: Dass man also das, von dem man eigentlich weiß, wie man es gern machen würde, um mit dem Ergebnis zufrieden zu sein und seine Arbeit erfüllend zu finden, unter den Bedingungen, in denen man arbeitet, überhaupt nicht mehr verrichten kann. Da ist für mich die Verbindung von Care-Arbeit mit dem Regenerieren auf jeden Fall evident, weil das soziale Regenerieren und das gesundheitliche Regenerieren ganz viel mit dem Sein-Dürfen, mit der Aufmerksamkeit, mit Beziehungen, Rhythmen und mit der Qualität der Prozesse zu tun haben.

ER: Ich habe nur noch ein paar Fußnoten. Dass nämlich einerseits die Degrowth-Perspektive ohnehin mit auf den Weg gebracht ist von feministischen Denkerinnen – also einerseits von der Bielefelder Schule und dann auch von Vandana Shiva, also der Subsistenzperspektive in der feministische Ökologie. Und dass andererseits eine der interessanten Debatten innerhalb der Degrowth-Bewegung sich ja darum dreht, ob man denkt, der

Gewinn durch das Schrumpfen der Wirtschaft ist vor allem einer an freier Zeit oder an qualitativ anderer Arbeit. Dass also entweder technologisch besonders geschickte Lösungen und Effizienzsteigerungen dazu führen, dass man einfach viel weniger tun muss, um trotzdem noch versorgt zu sein. Oder dass man sagt, es entsteht ein Wandel in der Tätigkeit, weil die Zentralität der Sorge und Reproduktionsarbeit für jede Ökonomie angenommen wird, und man dann von da aus nicht nur das *Growth* kappen will, sondern auch sagt, wir wollen es anders füllen. Dann geht es um die Freisetzung von Energien für andere Arbeit.

Das große Problem besteht allerdings darin, dass, solange unsere Gesellschaft eben patriarchal ist, Sorgearbeit noch vereigentümlicht als Eigenschaft von Frauen gesehen wird und gar nicht in den Blick kommt als wichtiger Arbeits- und Wirtschaftsfaktor. Dann läuft man nämlich immer Gefahr, dass Reduktion von Konsum und Arbeit und die resultierende größere Freizeit einfach nur bedeutet, dass die weiblich Sozialisierten sich mehr kümmern und die anderen mehr Hobbys haben. Die reflektierte Degrowth-Bewegung zeichnet sich genau dadurch aus, das mitzudenken. Insofern glaube ich, dass das sehr kompatibel ist mit feministischen Anliegen, die sich ja auszeichnen durch einen Kampf von der Reproduktionsarbeit aus.

Den Begriff der moralischen Kündigung finde ich super. Denn tatsächlich hat die Kündigungswelle jetzt in der Pandemie den Wertschöpfungsketten und Arbeitgeber*innen stärker zugesetzt als alle Streiks der letzten Jahrzehnte. Wir müssen das als Aufstand der Erschöpften gegen die erschöpfenden Verhältnisse verstehen. Eine Art passiver Streik, den die Linke in meinen Augen noch gar nicht richtig als Erfolg zu verbuchen weiß.

MT: Wir haben vorhin schon gestreift, dass mehr wirtschaftliches Wachstum für sehr viele Leute überhaupt nicht mehr Wohlstand bringt. Weil die Schere zwischen Arm und Reich immer weiter auseinandergeht, bedeutet das tatsächlich sehr viel Verzicht für sehr viele Leute, obwohl die Wirtschaft wächst. Und in Teilen sind eure Bücher ja auch Versuche, zu beschreiben, warum es nicht so ist, dass eine regenerative Ökonomie oder ein regeneratives Wirtschaften weniger für alle bedeuten würde. Maja sagt paradigmatisch: Gerechtigkeit ist ein Schlüssel für nachhaltiges Wirtschaften, Umweltfragen sind immer Verteilungsfragen. Und bei dir, Eva, ist Gerechtigkeit im Kontext der sozialen Bewegungen sehr wichtig. Ihr habt das beide gerade erwähnt, lasst uns doch einen Moment über soziale Gerechtigkeit und das Ökologische sprechen. Warum hängt das für euch zusammen?

MG: Also, der Einstiegspunkt ist für mich, in dieser Frage nach Gerechtigkeit immer weiterzugehen und sich auf die spannende Suche nach Letztbegründung zu machen. Dann lande ich irgendwann beim ersten Satz aus unseren Menschenrechtserklärungen: Die Würde des Menschen ist unantastbar. Dieser Satz geht mit bestimmten Ideen darüber einher, was jeder Person gegeben sein sollte, um sich auf ähnliche Art und Weise entfalten zu können, wenn man es ganz liberal ausdrücken möchte. Wenn wir alle als Erdenbürger*innen geboren werden, dann frage ich mich, warum es unterschiedlich große Schollen gibt, auf die man zugreifen kann, nur weil irgendwann bestimmte Formen von Grenzziehung stattgefunden haben – nationalstaatliche genauso wie Grenzen zwischen den Besitztümern von Individuen oder Familien, die dann nicht mehr zu hinterfragen sind, selbst wenn inzwischen sehr viel mehr Erdenbürger*innen dazugekommen sind. Und warum ist es in Ordnung, dass manche Schollen immer weiter wachsen unter einem bestimmten historischen Entwicklungsschub, wie zum Beispiel jetzt durch die Finanzialisierung?

Es ist ja bemerkenswert, dass wir immer noch sagen, die Ungerechtigkeit sei durch die Coronapandemie nicht so stark gewachsen, weil wir nur auf die Löhne gucken und durch die Transferzahlungen bestimmte Lohnunterschiede ausbalanciert wurden. Aber was im Hintergrund gerade durch das viele, viele billige Geld passiert, ist eine enorme Umverteilung im Sinne der Besitzstrukturen: Es ist gerade einfach sehr günstig, Eigentum zu erwerben – und zwar für diejenigen, die Zugriff haben auf Finanzkapital, oder diejenigen, die schon einmal investiert haben, weil sie jetzt Hypotheken auf das bereits Investierte aufnehmen können und so weiter. Du hattest das so schön formuliert: Irgendwann hast du den Punkt erreicht, da schmeißt du das Geld mit den Händen zum Fenster raus und es kommt zur Tür wieder rein. Dafür sorgen deine zuarbeitenden Steuer- und Anlageberater*innen, Makler*innen und Anwält*innen. Und dieses System, das momentan sehr effektiv im Hintergrund wirkt, mit allen sozialen und ökologischen Konsequenzen, die daraus entstehen, das haben wir selbst gebaut.

Wer kann sich jetzt also noch sicher fühlen in ihrem oder seinem Wohnraum und muss keine Sorge haben, dass es in Zukunft sehr viel teurer werden wird, überhaupt noch an dem gleichen Ort bleiben zu dürfen? Und wie viel investieren wir inzwischen, um doch noch den letzten Tropfen Öl irgendwie rauszuholen, weil wir es uns jetzt leisten können? Einfach weil gerade sehr viel mehr Geld da ist als vorher.

Eine genuine Ressourcengerechtigkeitsfrage – mit der wir ja eingestiegen sind – wäre für mich eine ganz andere: Wie müssen wir das eigentlich adjustieren, wenn wir Chancengerechtigkeit und Würde sichernde Startbedingungen für alle Menschen generieren wollen? Und wie müsste das auch über die Zeit hinweg immer wieder angepasst werden an das, worauf wir aktuell Zugriff haben? Dann können wir uns durch Leistung etc. immer noch differenzieren. Aber heute ist die Formel ganz einfach: Wer viel hat, hat automatisch Zugriff auf sehr viel – sei es ein besseres Bildungssystem, sei es eine bessere Gesundheitsversorgung, sei es ein zweites oder drittes Haus. Und durch die Privatisierungswellen umfasst das immer mehr Bereiche, die wir eigentlich mal als öffentliche Daseinsvorsorge definiert hatten, um Chancengerechtigkeit zu fördern, wie eben Bildung, Gesundheit, Wohnraum, Mobilität, gesunde Nahrung.

Das sind Grundvoraussetzungen, damit Menschen sich sicher fühlen und frei entfalten können. Und wenn diese Sachen immer stärker kommodifiziert angeboten werden, durch Geld vermittelt in sehr ungleichen Märkten, dann steigt die Unsicherheit und Angst. Und es steigen die eigenen Anstrengungen, nur noch im System nach oben zu kommen, statt das System selbst zu verbessern. Kulturell ist das eine wenig demokratiefördernde Grundstimmung, sie führt eher in eine Abwärtsspirale, die Teilen schwer macht.

Deshalb ist die Frage danach, wie wir insgesamt in einer Gesellschaft den Zugang zu diesen grundlegenden Dingen regeln, für mich von zentraler Bedeutung.

ER: Lieber als über Gerechtigkeit spreche ich ja über Freiheit und Befreiung: Freiheit von Herrschaft, Freiheit als freie Zeit, die Freiheit, eine offene Zukunft zu haben. Aber um mich jetzt hier nicht zu drücken, wäre mein erster Schritt, zu fragen, welche Vorannahmen haben wir getroffen, die das, in Hinsicht worauf wir Gerechtigkeit herstellen wollen, vielleicht schon einschränken oder zurichten? Es ist ja in der liberalen Moderne so, dass Gerechtigkeit immer verhandelt wird auf der Grundlage von Rechten, von subjektiven individuellen Rechten, in Bezug auf die inzwischen tatsächlich auch Gleichheit herrscht, also gleiche Freiheitsrechte. Das hat die Moderne, mit gewissen Ausschlüssen, erst mal für diejenigen, die sie als Bürger*innen betrachtet, errungen.

Aber auf diesen Rechten liegt ebenfalls der Schatten des Eigentums. Also, wenn ich ein Recht habe, heißt das, im Hinblick auf eine Sache kann ich machen, was ich will: Religionsfreiheit, Meinungsfreiheit, Eigentumsfreiheit heißt, mir gehört etwas und ich kriege einen Ausschnitt, einen Weltbestandteil, und kann damit machen, was ich will. Und natürlich wäre es viel gerechter – und ich unterstütze jeden Schritt, der auch nur einen Millimeter in diese Richtung geht –, wenn man sagen würde: Die Parzellen, die uns auf der Welt zustehen – du hast von Schollen gesprochen –, die sollten ebenfalls gleich bemessen sein. Und es ist sowieso vollkommen wahnwitzig, dass man qua Familienzugehörigkeit und Erbe, aber auch nationaler Zugehörigkeit und dem Glück, in einer weniger vom Klimawandel betroffenen Region zu leben, einen unendlich viel größeren Verfügungsraum hat. Und damit auch Anspruch auf mehr Sicherheit.

Trotzdem würde ich sagen, dass dieses Parzellieren, selbst wenn alle Parzellen dann gleich groß wären, schon Teil des Problems ist. Denn das schneidet Weltbestandteile aus, die dann isoliert voneinander betrachtet werden und in denen Einzelne machen können, was sie wollen, beispielsweise eben auch die Zukunft ausschließen, indem sie verheerend kaputt machen, toxische Dinge herstellen und so weiter.

Ich sage nicht, dass gar nichts mehr Eigentum sein soll oder alles Commons und dass wir alles teilen sollen. Ich finde das schon auch super, wenn ich hier mein Wasserglas gegen die Wand werfen will, *so be it*, ist ja schließlich meins. Aber wir müssen ein Gerechtigkeitsverständnis entwickeln, das uns nahelegt, dass im Hinblick auf bestimmte Ressourcen und Lebensgrundlagen die Gerechtigkeit darin besteht, teilen und mitreden zu können. Also Teilhabegerechtigkeit: Man ist nicht ausgeschlossen von etwas, Dinge sind da und man kann sie gewissermaßen erleben.

Und nur in diesem Parzellendenken kann man überhaupt glauben, dass irgendetwas von dem, was Maja vorher auch im Kontext von Degrowth gesagt hat, einen Verzicht bedeuten würde. Denn wenn man nur an die Parzelle denkt, hat man wunderbar ausgeklammert, was da zum Beispiel an Insekten und Vögeln drüberfliegt. Die, wenn wir so weitermachen wie bisher, immer weniger werden. Und *das* würde tatsächlich einen riesigen Verzicht bedeuten! Ich meine, wir verlieren die Welt und manche Leute regen sich über den Verzicht auf, ein Auto, von dem sie vor fünf Jahren noch gar nicht wussten, dass es so fett sein kann, womöglich nicht mehr fahren zu dürfen. Deswegen ist es mir so wichtig, Gerechtigkeit eher als eine Gerechtigkeit der Teilenden zu denken denn als eine Gerechtigkeit der gleich Ausgestatteten oder der Berechtigten.

MG: Würdest du das denn als sich gegenseitig ausschließend wahrnehmen?

ER: Wie siehst du es denn?

MG: Die Parzelle muss ja nicht mit dem Zirkel irgendwo auf eine Landkarte gemalt werden, ganz im Gegenteil, in vielen Bereichen der Biologie geht das auch gar nicht. Im Wissenschaftlichen Beirat Globale Umweltveränderungen haben wir ein Gutachten zu Landnutzung geschrieben und dafür die Forschung dazu aufgearbeitet, welche Ökosysteme oder welche Ökosystemdienstleistungen sowieso nur als globale Commons – das ist ja das Schlagwort – verstanden werden können, weil du eben gar nicht markieren kannst, dass beispielsweise auf diesen drei Quadratmetern kein Klimawandel stattfindet, weil du alles erneuerbar gemacht hast. Das ist Quatsch, so funktioniert das nicht. Insofern sind diese biologischen und ökologischen Kreisläufe etwas, das sich schlicht nicht an unsere menschengemachten Grenzen hält, weswegen es diese ganzen Koordinations- und Abstimmungsprobleme gibt. Und ich glaube, genau deshalb müssen wir die Werte wieder in den Blick nehmen. Also sehen, was sind Werte, die wir erhalten und schöpfen wollen, und was ist dann ein Organisationsprinzip, mit dem das funktionieren kann?

Dazu finde ich den Vorstoß von Elinor Ostrom hilfreich, die sagt, lasst uns erst mal das Gut angucken, um das es sich handelt: Ist seine Nutzung nicht-konkurrierend (*non-rival*), wie etwa bei

Wissen oder Liebe, die ja wachsen, je mehr ich sie teile? Im Wissenschaftssystem passiert hingegen gerade etwas Gegenteiliges, da heißt es: Ich gebe dir meine Daten nicht, du mir deine nicht, bis ich dreimal *peer-reviewed* publiziert habe und die Erste war. Vorher sage ich auch nicht, was ich mir Schlaues ausgedacht habe, weil du könntest das ja als Erstes publizieren. Selbst wenn unser gemeinsames Denken womöglich noch bessere Ergebnisse gebracht hätte. Diese Konkurrenzlogik führt sowohl zu Schrumpfung in der Bearbeitung komplexer Fragestellungen, die lange Zeit brauchen und nicht in die disziplinäre Verwertung passen, als auch zur Explosion von Zigfachverwertungen ein- und derselben Abhandlung, damit die Publikationsliste wächst. Ob unter solchen Anreizen nun Wissen und Weisheit wachsen, sollte zumindest mal erhoben werden.

Bei anderen Gütern und Dienstleistungen ist es dagegen so, das haben wir hier schon besprochen, dass sie einer gewissen Begrenztheit durch biologisch vorgegebene Zyklen unterliegen, was bedeutet, dass wir darauf achten müssen, sie im Wettlauf um ihre Nutzung nicht zu zerstören, sondern eben regenerativ zu nutzen. Die klassische Allmende-Frage. Da finde ich die *Trusteeship*- oder *Stewardship*-Idee schön – mir fehlt da eine gute deutsche Entsprechung.

ER: Ich weiß ein Wort. Den Begriff gibt es nicht mehr, er ist ausgestorben, aber im 19. Jahrhundert gab es noch einen Begriff dafür, und der lautete: Pflegschaft.

MG: Das leuchtet mir ein! Das Wort trägt den Beziehungscharakter ganz anders in sich. Das Grundgesetz hat genau das zumindest mit der Formel »Eigentum verpflichtet« angelegt. Es gibt natürlich auch viele Güter, die wir gut über Märkte organisieren können. Nur finden wir die heute in vielen dieser Bereiche nicht mehr. Wenn wir genau hingucken, finden wir oligopolistische Strukturen, in denen eine Handvoll Konzerne um die siebzig Prozent kontrollieren. Agrarrohstoffe sind so ein Fall. Und immer noch wird sich empört, sobald jemand sagt, der Staat müsste mal intervenieren, da immer mehr Produzent*innen auf der Strecke bleiben. Das würde die Märkte stören, sei Planwirtschaft. Dabei haben wir längst eine Planwirtschaft in Konzernhand, in der wir uns dafür rechtfertigen müssen, wenn wir Märkte wiederherstellen wollen …

MT: … Märkte, die selbst schon wieder im Privatbesitz von Plattformen sind!

MG: Exakt! Wenn wir einmal versuchen, das strukturell zu denken, dann kann man aus dem systemischen Denken heraus auch zu ganz anderen Schlüssen kommen, wie solche Kooperationsprozesse im Idealfall aufgebaut werden könnten.

MT: Ich habe gerade »Plattformen« gerufen, denn diese bilden ja schon eine neue Organisationsform von Märkten. Geht echte Bedarfsdeckung überhaupt mit solchen machtintensiven Plattformen, die darüber hinaus auch noch extrem intransparent sind?

MG: Das Faszinierende daran ist doch die Frage, wann diese rasante Entwicklung eingesetzt hat. Für mich liegt die Antwort in der unheiligen Allianz von Finanzialisierung und Digitalisierung. Denn zu Beginn wurde gerade das Internet als eine emanzipative Errungenschaft gefeiert: Plötzlich können viele Menschen hierarchie- und barrierefrei sowie gleichzeitig miteinander in Verbindung stehen, in Echtzeit kommunizieren und Wissensbestände in eine globale Bibliothek einflechten, und zwar von überall auf der Welt. Diese Plattformen waren zunächst Kommunikationsinstrumente. Dass sie dann zunehmend zu Distributionskanälen wurden, ist eher eine Folge dessen, dass eine ganz andere Form der Finanzierung Einzug gehalten hat, die erst die disruptive Entwicklung forciert hat: Durch den Einstieg großer Investor*innen ist ein sehr hoher Druck entstanden, eine gewisse Rendite zu generieren und schneller zu wachsen als die anderen. Durch die Umstellung auf ein werbebasiertes Modell sollte das möglich werden, weil die Plattformen über ein kostenloses Angebot natürlich viel attraktiver waren – dafür nehmen sie uns aber die Daten, die sie dann woanders verkaufen, wie Eva das vorhin auch schon einmal beschrieben hat.

Das unterbricht die Käufer-Verkäufer-Beziehung mit einem Intermediär, es hebelt die Tauschbeziehung aus, wie wir sie eigentlich für Märkte verstehen, und deshalb denken wir, wir bekommen etwas geschenkt. Bekommen wir aber natürlich nicht – stattdessen bekommen wir sogar noch manipulative Werbung dazu. Durch die Käufe sollen wir dann wieder die Ausgaben für unsere persönlichen Daten bezahlen, die die Werbenden an Facebook gezahlt haben. Dafür geht Facebook ziemlich weit, um Manipulationen so subkutan zu gestalten, dass auch noch die letzten kognitiven Kaufbarrieren unterschritten und emotionalen Unsicherheiten ausgenutzt werden. Was in übersättigten Märkten wiederum ein Argument ist, warum es sich weiter lohnt, dafür zu bezahlen. Das beschreibt Facebook nicht nur wunderbar in geleakten Dokumenten, sondern preist es sogar an! Insofern hat diese Form des Geschäftsmodells den Aufbau der neuen Infrastrukturen immens vorangetrieben, was wiederum die Netzwerkeffekte verstärkt hat und damit die Machtstellung der Konzerne.

Diese Beobachtung ist extrem wichtig, denn in der Komplexitätsforschung ist die Idee, dass Märkte ohne Staaten am besten funktionieren, schon längst widerlegt. Es ist vielmehr die Ausnahme, dass die natürliche Tendenz über längere Zeiträume zu Gleichgewicht führt, statt zu partiellen Zusammenbrüchen und Erneuerungen. Wenn du nicht eine gewisse Form von Diversität und Dezentralität erhältst und exponentielle Entwicklungen mit balancierenden Rückkopplungsschleifen einhegst, werden diejenigen, die in einer Situation einen Vorteil gefunden haben, ihn auch nutzen. Donella Meadows hat das sehr schön auf den Punkt gebracht: Wir sagen gern, das übergeordnete Ziel eines Unternehmens sei der Profit. Aber das ist auch nur das Mittel dafür, größer zu werden, um den Wettbewerb zu reduzieren. Dann habe ich nämlich viel mehr Gestaltungsfreiraum. Dann kann ich – wenn ich nicht mehr in wirklichen Konkurrenzverhältnissen stehe – machen, was ich will. Deshalb braucht es immer wieder Chancengerechtigkeit herstellende Interventionen, sodass Diversität und Dezentralität erhalten und Märkte wirklich innovativ bleiben. Erstaunlich also, dass gerade die Liberalen eine Erbschaftssteuer so verteufeln.

MT: Nachdem wir bestehende Wachstumsmodelle kritisiert haben, stellt sich natürlich auch die Frage nach alternativen Formen des Wirtschaftens. Was wäre denn ein Schöpfen ohne Erschöpfen?

ER: Genau das wäre Regeneration! Um die Erschöpfung zu vermeiden, muss man die Regenerationszeit der in der Arbeit verwendeten Elemente berücksichtigen. In der Landwirtschaft die des Bodens, in der Herstellung die der verwendeten Materialien und Energieträger. Und zwar an beiden Enden der Produktion: Wie lange dauert es, bis das nachwächst? Und wie lange dauert es, bis das recycelt ist? Und dann die Arbeit selbst: Was braucht es zu deren Erholung? Wir reden derzeit viel, und leider auch nur mit sehr begrenzter Wirkung, darüber, dass Pflegekräfte im Gesundheitssystem besser bezahlt werden müssten. Aber vor allem muss man zugestehen, dass diese Arbeiten, die viele sich überhaupt nie zutrauen würden, einfach mit viel größerer Regenerationszeit durchsetzt sein müssten. Weil sie nämlich selbst regenerierende Arbeiten sind. Ein anderes großes Thema ist die Reinigung. In einer dicht besiedelten, mit immer mehr toxischen Substanzen belasteten Welt hängt das gesamte Funktionieren davon ab, dass immer wieder aufgeräumt und sauber gemacht wird. Auch das ist

Weltwiederannahme. Wer macht das? Die am stärksten ausgebeuteten, meist weiblichen, meist rassifizierten Arbeiter*innen. Die Welt denen, die sie sauber machen! Also neben den menschlichen Reinigungs- und Wartungskräften den Schilfbeeten, Bäumen, Flussbetten und Mikroorganismen.

Im materialistischen Feminismus spricht man von der Reproduktionsarbeit als dem Kern menschlicher Tätigkeit, als Wiederherstellung des Lebens. Das ist bedürfnisorientierte Arbeit, Arbeit gegen die Erschöpfung. Aber auch unser gewöhnliches Bild von Fürsorge setzt noch zu stark voraus, dass das planetare Ökosystem einfach immer weiter einen stabilen Hintergrund bildet. Etwas, um dessen Erschöpfung man sich keine Sorgen zu machen brauche. Ökofeministisch gewendet beginnt unsere Reproduktionsarbeit aber im Naturverhältnis, also damit, dass wir unsere Arbeit am Erhalt der Lebensgrundlagen ausrichten. Wenn man den Blick erst mal so erweitert, wird zum Glück deutlich, dass unser planetares Ökosystem natürlich weiterhin die Repro-Arbeiterin Nummer eins ist. In der Natur herrscht bereits Kreislaufwirtschaft, hier stellen sich alle möglichen Lebensvorgänge immer wieder neu her. Und um das jetzt noch mal auf den Begriff zu bringen – ich würde sagen: Regeneration ist die Zeit, in der Lebewesen ihre Reproduktion anstrengungslos vollziehen. Ich nenne die Zeitspannen der Regeneration »Gezeiten«, um die jeweilige Dauer – von der Eintagsfliege bis zur Torfbildung – und das Wiederkehrende darin hervorzuheben. Gezeiten, in ihrer biodiversen Verwobenheit, leisten also ständig Reproduktionsarbeit. Und der Witz ist, dass es den Zusatz »Arbeit« da gar nicht bräuchte. Das ist einfach Leben im Gleichgewicht des Holozäns, keine gezielte Arbeit. Da wir jetzt aber als kapitalistische Moderne ein paar Jahrhunderte Arbeit als Sachherrschaft und als Abspaltung betrieben haben, wird es in Zukunft größerer Anstrengungen bedürfen, um Regeneration zu ermöglichen. Auch harte Abwägungen. Im Anthropozän wird der vermeintliche Hintergrund in den Vordergrund unserer gesellschaftlichen Organisation treten. Entweder weil wir uns aktiv den Gezeiten widmen, oder weil ihre »überraschenden« Ausfälle unser Leben bestimmen, so wie jetzt schon die Coronapandemie.

MH: Ich würde abschließend gern noch zu Begriffen von Wandel kommen. Maja wird vielleicht am ehesten mit der Transformation verbunden, die sie als Transformationsforscherin auch in der Jobbezeichnung hat. Und du, Eva, hast viel mit dem Begriff der Revolution gearbeitet, auch in deinem vorigen Buch *Praxis und Revolution*. Hier distanzierst du den Begriff von einem klassischen revolutionären Ereignis, also einem gewaltsamen Moment des historischen Umsturzes. Du beschreibst Revolution vielmehr als eine Art ausgedehnten Prozess, als geteilte Praxis, als etwas mit einer Vorphase, einer Hauptphase und auch einer Nachphase.

Mich würde interessieren, was das für ökosoziale Politik bedeutet, vielleicht auch gerade im Unterschied zu historischen Revolutionen, die ja soziale Revolutionen waren. Inwiefern kann man Revolution auch anders verstehen oder sich erhoffen? Und wie kann sich der Transformationsbegriff zu diesem Revolutionsbegriff positionieren?

ER: Ich verstehe Revolutionen als Prozesse und nicht als einmalige Ereignisse. Und zwar Prozesse der Vorwegnahme von dem, was man nach der Revolution gern sähe, als Einübung eines anderen Lebens in den Zwischenräumen des Bestehenden. Ich würde also sagen, der revolutionäre Wandel ist eine Unterform von Transformation – die weitreichendste, aber nicht unbedingt die schnellste! Mein Verständnis des Revolutionsbegriffes bedeutet, dass, selbst wenn man diesen Maximalbegriff anlegt, es trotzdem langsam geht. Und das macht die Leute immer wahnsinnig nervös, weil man ja weiß, es muss jetzt ganz schnell gehen. Und ich kann darauf immer nur sagen, ja, aber im Moment geht es gar nicht. Ich meine, es gibt ein paar wenige Klimaschutzziele, denen wir aber nicht näher kommen, und deswegen halte ich ganz stur an diesem Langsamen fest, aber eben genauso an dem Weitreichenden. Wir brauchen wirklich einen Paradigmenwechsel und nicht nur ein Runterdimmen von ein paar Aspekten dessen, was wir jetzt haben. Entscheidend dafür, dass etwas eine revolutionäre Transformation darstellt, ist für mich, dass etwas, was vorher undenkbar war, danach zur Grundlage oder selbstverständlich geworden ist, wie zum Beispiel die Menschenrechte in der Französischen Revolution. Und jetzt vielleicht: Besitzen, ohne zu beherrschen, schöpfen, ohne zu Erschöpfen.

Und mir ist es auch wichtig, aus einer Logik der Zeitlichkeit von Wandel auszubrechen, wo man denkt, wir fahren jetzt auf irgendetwas zu, und entweder stoppen wir es noch, oder die Welt geht unter. Also, die apokalyptischen Szenarien, sowohl der Revolution als auch der sich jetzt entfaltenden Katastrophe, scheinen mir erstens falsch und zweitens handlungshemmend. Denn die Katastrophe ist eben auch kein großer Knall. Es ist nicht wie in einem Computerspiel, wo es heißt, das Level ist verloren, und dann ist plötzlich alles aus. Im Gegenteil, in der Katastrophe stellt sich ja nur noch viel dringender die Frage, die sich jetzt auch schon die ganze Zeit stellt: Wie kann man solidarisch, wie kann man regenerierend mit der Lage umgehen, in der man jetzt ist? Solange da noch Menschen sind, ist die Frage nach dem Wandel noch nicht erledigt. Selbst wenn weiter ziemlich viel schiefgeht, wie es meiner Meinung nach auch schon lange der Fall ist.

MG: Ich habe in meinem Buch versucht, Transformation zu beschreiben als »radikalen Inkrementalismus«. Ich glaube, eigentlich beschreibt dieses Muster genau das, was du sagst: So, wie es jetzt ist, kann es nicht bleiben. Stattdessen braucht es eine radikal andere Idee oder Vision davon, wohin wir wollen, und dann ganz viele Schritte auf dem Weg dahin. Die bauen aufeinander auf und verstärken sich und dann entstehen diese Momente, die sehr revolutionär wirken, weil auf einmal sehr viel Veränderung möglich wird, die kurz zuvor noch unmöglich schien. Das kann durch externe Schocks wie Corona passieren, aber das können auch einfach Kipppunkte sein in einer Gesellschaft, in der es genug Abweichungen vom vorherigen Status quo gibt. Ob ich das normativ positiv oder negativ finde, ist erst mal sekundär. Vom Muster her ist es das: Ein Beibehalten dessen, wie es vorher war, wird unmöglich. Das wirkt dann revolutionär, aber es gab immer ganz viele kleine Schritte davor, Vorarbeiten sozusagen.

Was ich jetzt gerade gelernt habe, und das passt sehr schön zu deinem anderen Punkt, ist die Frage nach der Perspektive, in welche Richtung wir in dieser Navigationsphase also blicken. Gerade befinden wir uns im »Interregnum« – so hat Gramsci das genannt: Das Alte stirbt und das Neue ist noch nicht wirklich da, und das bringt sehr viele morbide Symptome hervor. Wohin schaue ich also? Schaue ich in den Rückspiegel und versuche, das Bekannte in irgendeiner Weise wieder herzustellen? Dass wir momentan so mit dem Begriff der Normalität ringen, verdeutlicht das – dass ich etwas gewohnt bin, reicht dann, dass es irgendwie normal wirkt, trotz all der Anormalität, die da eingebaut gewesen ist. Oder schaffen wir es, an einem Kompass festzuhalten und auf den Horizont zu blicken, stellen also das Wünschenswerte nach vorne und suchen dann die Pfade und Kontakte und Erfahrungen, um dorthin zu kommen? Deshalb finde ich den Bezug auf die Menschenrechte so hilfreich. Denn wir wissen eben nicht genau, wie die Form aussieht, die unsere Welt in Zukunft haben kann. Wir wissen auch nicht, wann welche Formen sich genau manifestieren, wie oft die sich noch anpassen werden, wie stark wir um sie ringen werden.

Aber was ich jetzt gerade vor zwei, drei Tagen gelernt habe, ist, den Begriff der Apokalypse dahingehend zu differenzieren, dass es der Untergang *einer* Welt ist, nicht *der* Welt. Also genau dieses Historische und dieses Erneuernde nicht aus dem Blick zu verlieren, wenn das Loslassen schmerzt! Deshalb ist es so wichtig, was wir in diesem Moment des Interregnums, in dieser Umbruchphase machen. Die eine Welt geht unter, ja, aber wir können währenddessen eine neue bauen. Wo investieren wir jetzt also Energien und mit wem arbeiten wir zusammen, mit welchen Wünschen, Werten, aber eben auch Geschichten über das, was wir erreichen möchten?

ER: Und dann wird es Exodus und nicht Apokalypse.

MG: Wie meinst du das?

ER: Dass man sozusagen selber den Auszug nimmt aus der Sklaverei, durch die Wüste hindurch, und nicht einfach wartet, dass die apokalyptischen Reiter kommen und alles zusammenbricht. Wenn wir also im religiösen Bezugsrahmen oder der Terminologie der Apokalypse bleiben wollen, dann finde ich Catherine Keller sehr inspirierend. Sie macht aus der feministischen Theologie heraus eine sogenannte *counter-apocalyptic practice* stark und sagt: Selbst angesichts des Weltuntergangs bestehe deine Aufgabe darin, eine Lampe am Leuchten zu halten.

MG: Um zu versuchen, der Apokalypse entgegenzuarbeiten?

ER: Exakt.

Bisher fanden in der Reihe *Burning Futures: On Ecologies of Existence* am Berliner Theater HAU Hebbel am Ufer folgende Gespräche statt, die alle weiterhin online zugänglich sind:

#11 »Climate Crisis, Planetary Justice and the Problem of the Capitalocene« mit Jason Moore;

#10 »Regenerieren statt Erschöpfen« mit Maja Göpel und Eva von Redecker;

#9 »Future Ecologies: Compounds, Breakdown, Reparation« mit Maria Puig de la Bellacasa und Dimitris Papadopoulos;

#8 »The Micropolitical Combat« mit Suely Rolnik;

#7 »Becoming Land« mit Angela Melitopoulos und Barbara Glowczewski;

#6 »What makes people sick? Racial Capitalism and the Politics of Suffocation« mit Françoise Vergès und Edna Bonhomme;

#5 »Beyond The End Of The World?« mit T. J. Demos und The Otolith Group (Anjalika Sagar und Kodwo Eshun);

#4 »Coexistence, Planetarity and Uncertainty« mit Patricia Reed;

#3 »Big Farms Make Big Flu: The Political Ecology of Epidemics« mit Rob Wallace;

#2 »Fossil Economies, Degrowth Ecologies« mit Andreas Malm, Andrea Vetter und Tadzio Müller;

#1 »Facing Extinction« mit Franco Berardi Bifo, Marcela Vecchione und Antonia Majaca.

https://www.hebbel-am-ufer.de/burning-futures/
https://burningfutures.podigee.io

Zweite Auflage Berlin 2023

Großbeerenstraße Str. 57A | 10965 Berlin
info@matthes-seitz-berlin.de

Umschlaggestaltung nach einer Idee von
Pierre Faucheux
Satz: Monika Grucza-Nápoles, Berlin
Druck und Bindung: Art-Druck, Szczecin
ISBN 978-3-7518-0546-9
www.matthes-seitz-berlin.de